Minima Sacramentalia

Os sacramentos da vida e a vida dos sacramentos

Dados Internacionais de Catalogação na Publicação
(CIP)(Câmara Brasileira do Livro, SP, Brasil)

Boff, Leonardo
   Os sacramentos da vida e a vida dos sacramentos : mínima sacramentalia / Leonardo Boff. / 29. ed. –Petrópolis, RJ : Vozes, 2015.

   2ª reimpressão, 2025.

   ISBN 978-85-326-0256-5

   1. Sacramentos – Igreja Católica I. Título.

09-01465   CDD-234.16

Índices para catálogo sistemático:

1. Sacramentos : Teologia dogmática cristã   234.16

Leonardo Boff

MINIMA SACRAMENTALIA

Os sacramentos da vida e a vida dos sacramentos
Ensaio de Teologia Narrativa

Petrópolis

© By Animus / Anima Produções, 2004
Caixa Postal 92.144 – Itaipava
25750-970 – Petrópolis – RJ
www.leonardoboff.com

Direitos de publicação em língua portuguesa:
1975, Editora Vozes, Ltda.
Rua Frei Luís, 100
25689-900 Petrópolis, RJ
www.vozes.com.br

Nihil obstat
Por mandado especial do Revdo. Padre Provincial.
Frei Gentil Avelino Titton, O.F.M.
Petrópolis, 22 de maio de 1975.

Assessoria Jurídica e Agenciamento Literário:
Cristiano Monteiro de Miranda
(21) 99969-4083
www.monteiromiranda.asv.br
cristianomiranda@leonardoboff.

Todos os direitos reservados. Nenhuma parte desta obra poderá ser reproduzida ou transmitida por qualquer forma e/ou quaisquer meios (eletrônico ou mecânico, incluindo fotocópia e gravação) ou arquivada em qualquer sistema ou banco de dados sem permissão escrita da editora.

Conselho editorial

Diretor
Volney J. Berkenbrock

Editores
Aline dos Santos Carneiro
Edrian Josué Pasini
Marilac Loraine Oleniki
Welder Lancieri Marchini

Conselheiros
Elói Dionísio Piva
Francisco Morás
Teobaldo Heidemann
Thiago Alexandre Hayakawa

Secretário executivo
Leonardo A.R.T. dos Santos

Produção editorial

Anna Catharina Miranda
Eric Parrot
Jailson Scota
Marcelo Telles
Mirela de Oliveira
Natália França
Priscilla A.F. Alves
Rafael de Oliveira
Samuel Rezende
Verônica M. Guedes

Projeto gráfico: AG.SR Desenv. Gráfico
Capa: Adriana Miranda

ISBN 978-85-326-0256-5

Este livro foi impresso pela Editora Vozes Ltda.

Dedico este livrinho à montanha que visita sempre minha janela. Às vezes o sol a calcina. Outras a afaga. Frequentemente a chuva a castiga. Não raro a névoa a envolve mansamente. Nunca a ouvi queixar-se por causa do calor ou do frio. Jamais cobrou alguma coisa por sua majestática beleza. Nem o agradecimento. Ela se dá simplesmente. Gratuitamente. Não é menos majestosa quando o sol a acaricia do que quando o vento a açoita. Não cuida se a olham. Nem se incomoda se a galgam. Ela é como Deus: tudo suporta; tudo sofre; tudo acolhe. Deus se comporta como ela. Por isso a montanha é um sacramento de Deus: revela, recorda, aponta, re-envia. Porque ela é assim, dedico-lhe, agradecido, este livrinho. Nele se tenta falar a linguagem sacramental que ela não fala, mas — o que é muito mais — ela mesma é.

SUMÁRIO

Capítulo I – Porta de entrada do edifício sacramental, 11
   1. Quando as coisas começam a falar..., 11
   2. O homem moderno é também sacramental, 12
   3. O sacramento: jogo entre o homem, o mundo e Deus, 13
   4. A narrativa: a linguagem do sacramento, 16

Capítulo II – O sacramento da caneca, 21
   1. Que é um sacramento?, 22
   2. A caneca vista de fora: o ocular científico, 24
   3. A caneca vista de dentro: o ocular sacramental, 24

Capítulo III – O sacramento do toco de cigarro, 29
   1. O que é ainda um sacramento?, 31
   2. As dimensões da sacramentalidade, 33

Capítulo IV – O sacramento do pão, 35
   1. O pensar sacramental: uma experiência total, 37
   2. In-manência, trans-cendência, trans-parência, 38

Capítulo V – O sacramento da vela natalina, 41
   1. Visto a partir de Deus, tudo é sacramento, 44
   2. Mundo sacramental: função indicadora e função reveladora, 46

Capítulo VI – O sacramento da história da vida, 49
   1. Uma vez mais: O que é um sacramento?, 52
   2. De leitura em leitura se estrutura o sacramento, 55

Capítulo VII – O sacramento do professor primário, 59

    1. Jesus de Nazaré, o sacramento fontal de Deus, 62

    2. Jesus Cristo, sacramento do encontro, 64

Capítulo VIII – O sacramento da casa, 65

    1. Cristo, sacramento de Deus – Igreja, sacramento de Cristo, 68

    2. Tudo na Igreja é sacramental, 70

Capítulo IX – Os eixos sacramentais da vida, 73

    1. Se na Igreja tudo é sacramento, por que então os sete sacramentos?, 74

        a) O nível histórico-consciente, 74

        b) O nível estrutural-inconsciente, 75

    2. Os sete sacramentos desdobram e sublimam os momentos-chave da vida, 76

    3. Que significa o número sete?, 78

Capítulo X – Em que sentido Jesus Cristo é autor dos sacramentos?, 81

    1. "Os sacramentos foram instituídos por Jesus Cristo Nosso Senhor", 82

    2. Dos sacramentos de Deus para os sacramentos de Cristo, 84

    3. O sentido em que Jesus Cristo é autor dos sacramentos, 86

Capítulo XI – O sacramento da palavra dada, 89

    1. Os sacramentos agem *ex opere operato*: Como se entende?, 91

    2. Cristo é a Palavra de garantia que Deus deu aos homens, 93

Capítulo XII – O sacramento da resposta dada e do encontro celebrado, 95

    1. O sacramento é pro-posta de Deus e também res-posta humana, 96

    2. O encontro sacramental acontece... mas é preparado longamente, 97

    3. Sacramento e processo de libertação, 98

Capítulo XIII – O dia-bólico e o sim-bólico no universo sacramental, 101

    1. O momento sim-bólico no sacramento, 103

    2. O momento dia-bólico no sacramento, 105

Capítulo XIV – Conclusão: a sacramentologia em proposições sintéticas, 109

Livros de Leonardo Boff, 113

Capítulo I
Porta de entrada do edifício sacramental

1. Quando as coisas começam a falar...

Este livrinho só pode ser entendido por aqueles espíritos que, dentro do mundo técnico-científico da modernidade, vivem de outro espírito que lhes permite ver para além de qualquer paisagem e alcançar sempre para além de qualquer horizonte. Este espírito vive hoje nos porões de nossa experiência cultural. É como um rio subterrâneo que alimenta as fontes e estas os rios de superfície. Não o vemos. Mas é ele o mais importante. Porque hominiza as coisas e humaniza as relações com elas. Ele detecta o sentido secreto inscrito nelas.

O homem não é só manipulador de seu mundo. É também alguém capaz de ler a mensagem que o mundo carrega em si. Esta mensagem está escrita em todas as coisas que formam o mundo. Os semiólogos antigos e modernos viram muito bem que as coisas, além de coisas, constituem um sistema de signos. São sílabas de um grande alfabeto. E o alfabeto está a serviço de uma mensagem inscrita nas coisas, mensagem que pode ser descrita e de-cifrada para quem possui os olhos abertos.

O homem é o ser que é capaz de ler a mensagem do mundo. Jamais é um analfabeto. É sempre aquele que, na multiplicidade de linguagens, pode ler e interpretar. Viver é ler e interpretar. No efêmero pode ler o Permanente; no temporal, o Eterno; no mundo, Deus. Então o efêmero se trans-figura em sinal da presença do Permanente; o temporal em símbolo da realidade do Eterno; o mundo em grande sacramento de Deus. Quando as coisas começam a falar e o homem a ouvir suas vozes, então emerge o edifício sacramental. Em seu frontispício está escrito: Todo o real não é senão um sinal. Sinal de quê? De uma outra realidade, Realidade fundante de todas as coisas, de Deus.

2. O homem moderno é também sacramental

Não cremos que o homem moderno tenha perdido o sentido pelo simbólico e pelo sacramental. Ele é também homem, como outros de outras quadras culturais, e por isso é também produtor de símbolos expressivos de sua interioridade e capaz de decifrar o sentido simbólico do mundo. Talvez ele se tenha feito cego e surdo a um certo tipo de símbolos e ritos sacramentais que se esclerosaram ou se tornaram anacrônicos. A culpa é então dos ritos e não do homem moderno. Não podemos ocultar o fato de que no universo sacramental cristão se tenha operado um processo de mumificação ritual. Os atuais ritos pouco falam por si mesmos. Precisam ser explicados. Sinal que deve ser explicado não é sinal. O que deve ser explicado não é o sinal, mas o Mistério contido no sinal. Por causa desta mumificação ritual, o homem moderno secularizado suspeita do universo sacramental cristão. Pode sentir-se tentado a cortar toda relação com o simbólico religioso. Ao fazer isso, não corta só uma riqueza importante da religião; fecha também janelas de sua própria alma, porque o simbólico e o sacramental constituem dimensões profundas da realidade humana.

3. O sacramento: jogo entre o homem, o mundo e Deus

Os fenomenólogos e os antropólogos descreveram minuciosamente o jogo do homem com o mundo. Ele se processa em três níveis sucessivos. Num primeiro nível o homem sente *estranhamento*. As coisas causam-lhe admiração e até temor. Estuda-as por todos os lados. Vai substituindo as surpresas pelas certezas. O segundo nível representa o termo deste processo que é a *domesticação*. O homem consegue interpretar e assim dominar aquilo que lhe causava estranhamento. A ciência situa-se neste nível: enquadra os fenômenos dentro de um sistema coerente, com o fito de domesticá-los. Por fim, o homem se *habitua* aos objetos. Fazem parte da paisagem humana. Entretanto, esse jogo modificou o homem e os objetos. Eles não são mais meros objetos. Tornam-se sinais e símbolos do encontro, do esforço, da conquista, da interioridade humana. Os objetos domesticados começam a falar e a contar a história do jogo com o homem. Transfiguram-se em sacramentos. O mundo humano, mesmo material e técnico, nunca é só material e técnico; é simbólico e carregado de sentido. Quem sabe perfeitamente isso são os condutores das massas através dos meios de comunicação social. O que conduz os homens não são tanto as ideologias, mas símbolos e mitos ativados a partir do inconsciente coletivo. A propaganda comercial na TV apresenta o cigarro LS. Quem fuma esta marca participa dos "deuses": homens belos, ricos, em suas mansões maravilhosas, com suas namoradas deslumbrantes, extasiando-se em amor, numa solução completa de todos os conflitos. Toda esta encenação é ritual e simbólica. São os sacramentos profanos e profanizadores que devem evocar a participação de uma realidade onírica e perfeita e dar a sensação de já transcender este mundo conflitual e difícil.

O homem possui isso de extraordinário: pode fazer de um objeto um símbolo e de uma ação um rito. Arrolemos um exemplo: tomar chimarrão da cuia. Quando alguém nos visita, no sul do Brasil, oferecemos-lhe logo uma cuia de chimarrão quente. Sentamo-nos comodamente ao fresco. Tomamos da mesma cuia e chupamos da mesma bomba. Toma-se, não porque se tem sede ou pelo gosto do amarguinho, ou porque este "faz milagre e livra a gente de qualquer indigestão". A ação possui um outro sentido. É uma ação ritual para celebrar o encontro e saborear a amizade. O centro das atenções não está no chimarrão, mas na pessoa. O chimarrão desempenha uma função sacramental.

Paulo em 1Cor 11,20-22 viu bem: alguns vêm à ceia eucarística só para matar a fome e saciar a sede. Estes perdem o sentido do sacramento. Celebramos a ceia eucarística não para matar a fome, mas para festejar e presencializar a Ceia do Senhor. A ação de comer para matar a fome e a de celebrar a última Ceia é a mesma. Mas num e noutro caso o sentido é diferente. A ação quotidiana de comer é portadora de uma significação diferente e simbólica. Esta ação constitui o sacramento.

O sacramento possui, portanto, um profundo enraizamento antropológico. Cortá-lo seria cortar a própria raiz da vida e estragar o jogo do homem com o mundo.

O cristianismo se entende a si mesmo não, primeiramente, como um sistema arquitetônico de verdades salvíficas. Mas como a comunicação da Vida divina para dentro do mundo. O mundo, as coisas e os homens vêm penetrados da Seiva generosa de Deus. As coisas são portadoras de salvação e de um Mistério. Por isso elas são sacramentais. A relutância do cristão contra o materialismo marxista vem, em grande parte, desta compreensão diferente da matéria. Esta não é só objeto de manipulação e da posse do homem. É portadora de Deus e lugar do encontro de salvação. A matéria é sacramental.

Esta sacramentalidade universal chegou a sua máxima densidade em Jesus Cristo, Sacramento Primordial de Deus. Com sua ascensão e desaparecimento dos olhos humanos, a densidade sacramental de Cristo passou para a Igreja que é o Sacramento de Cristo continuado ao longo dos tempos. O sacramento universal da Igreja se concretiza nas várias situações da vida e funda a estrutura sacramental, centrada especialmente nos sete sacramentos. Convém, entretanto, observar: os sete sacramentos não absorvem toda a riqueza sacramental da Igreja. Tudo o que ela faz possui uma densidade sacramental, porque ela é, fundamentalmente, sacramento. A graça, da mesma forma, não está amarrada aos sete signos maiores da fé. Ela nos vem sob outros signos sacramentais: pode ser uma palavra de um amigo, um artigo da imprensa, uma mensagem perdida pelo espaço, um olhar suplicante, um gesto de reconciliação, um desafio que vem da pobreza e da opressão. Tudo pode ser veículo sacramental da graça divina. Poder detectar e acolher assim a salvação, sob signos tão concretos, é obra e tarefa da fé madura. O cristão de hoje deveria ser educado a ver o sacramento para além dos estreitos limites dos sete sacramentos. Deveria saber, adultamente, colocar ritos que significassem e celebrassem a irrupção da graça em sua vida e em sua comunidade. Interesse de nosso ensaio é também levar a isso.

4. A narrativa: a linguagem do sacramento

Se o sacramento profano ou sagrado surge do jogo do homem com o mundo e com Deus, então a estrutura de sua linguagem não é argumentativa, mas narrativa. Não argumenta nem quer persuadir. Quer celebrar e narrar a história do encontro do homem com os objetos, as situações e os outros homens pelos quais ele foi pro-vocado a transcender e que lhe e-vocaram uma Realidade superior, tornada presente por eles, con-vocando-o ao encontro sacramental com Deus.

A teologia foi por séculos argumentativa. Queria falar à inteligência dos homens e convencê-los da verdade religiosa. Os sucessos foram parcos. Convencia, geralmente, só aos já convencidos. Elaborara-se na ilusão de que Deus, seu desígnio salvífico, o futuro prometido ao homem, o mistério do Homem-Deus Jesus Cristo pudessem ser aceitos intelectualmente sem antes terem sido acolhidos na vida e transformado o coração. Esquecera-se, ao menos ao nível da teologia manualística e no discurso apologético, o fato de que a verdade religiosa jamais é uma fórmula abstrata e o termo de um raciocínio lógico. Primeira e fundamentalmente ela é uma experiência vital; um encontro com o Sentido definitivo. Somente depois, no esforço da articulação cultural, ela é traduzida numa fórmula e é explicitado o momento racional que ela contém.

O sacramento, como se verá ao longo de nossas reflexões, se vertebra essencialmente em termos de encontro. Na raiz do sacramento está sempre uma história que começa: "Era uma vez uma caneca... um pedaço de pão... um toco de cigarro... um Homem-Deus chamado Jesus... uma ceia que Ele celebrou... um gesto de perdão que Ele fez". Por isso, como ensinam os semiólogos do discurso teológico, a linguagem da religião e do sacramento nunca é apenas descritiva. É principalmente *evocativa*. Narra um fato, conta um milagre, descreve uma irrupção reveladora de Deus, para evocar no homem a realidade divina, o comportamento de Deus, a promessa de salvação. Isso é que interessa primordialmente. Exemplo: estou diante de uma montanha. Posso descrever a montanha, sua história milenar, sua composição físico-química. Estou sendo um cientista. Mas além desta dimensão verdadeira, há uma outra. A montanha me evoca a grandeza, a majestade, a imponência, a solidez, a eternidade. Ela evoca Deus que foi chamado de Pedra. A pedra está a serviço da solidez, da imponência, da majestade e da grandeza. Ela se faz sacramento destes valores. Evoca-os. A linguagem religiosa situa-se, principalmente, neste horizonte da evocação. O sacramento é, por essência, evocação de um passado e de um futuro, vividos num presente.

A linguagem religiosa e sacramental é *autoimplicativa*. Porque não é apenas descritiva, mas antes de tudo evocativa, ela sempre envolve a pessoa com as coisas. Não deixa ninguém neutro. Toca-o por dentro; estabelece um encontro que modifica o homem e seu mundo. No seu livro *Recordações da Casa dos Mortos,* Dostoiewski conta sua libertação. Ao deixar a Casa dos Mortos contempla os ferros que prendiam suas pernas. Com marteladas são tirados na bigorna. Contempla os pedaços no chão, pedaços que lhe dão o gosto da liberdade. Antes de sair, visita e se despede das paliçadas, dos albergues imundos. Haviam-se tornado familiares e fraternos. Ali ele deixou parte de sua vida. Agora já faziam parte de sua vida. Sentia-se implicado com tudo isso, porque as coisas já não eram coisas. Eram sacramentos que evocavam o sofrimento, as longas vigílias, a ânsia de liberdade.

A linguagem religiosa e sacramental é, por fim, *performativa,* quer dizer, leva a modificar a práxis humana. Induz à conversão. Faz apelo a uma abertura e a uma acolhida consequente na vida.

Nosso ensaio tenta articular a linguagem narrativa na sua dimensão de evocação, autoimplicação e performatividade aplicada ao universo sacramental. Nosso esforço se orienta na recuperação da riqueza religiosa contida no universo simbólico e sacramental que povoa nossa vida quotidiana.* Os sacramentos não são propriedade privada da sagrada Hierarquia. São constitutivos da vida humana. A fé vê a graça presente nos gestos mais rudimentares da vida. Por isso ritualiza-os e os eleva ao nível de sacramento.

Nossa intenção, com este ensaio, é a de despertar a dimensão sacramental adormecida ou profanizada em nossa vida. Despertados, podemos celebrar a presença misteriosa e concreta da graça que habita nosso mundo. Deus estava sempre lá, antes mesmo que nós tivéssemos despertado. Agora que despertamos podemos ver como o mundo é sacramento de Deus. Quem entendeu os sacramentos da vida está muito próximo, não, está já dentro da Vida dos sacramentos.

---

* Este texto faz parte de uma trilogia. No primeiro, *Minima Sacramentalia,* abordaremos em linguagem narrativa a estrutura e a lógica do pensar sacramental que subjaz aos sacramentos, tomados individualmente. No segundo, *Maiora Sacramentalia,* retomaremos o material anterior e o trataremos cientificamente no diálogo interdisciplinar. O que é precisamente o pensar sacramental e sua justificativa face ao espírito científico-técnico e à secularização que constituem nossa epocalidade. Por fim, num terceiro texto, *Practica Sacramentalia,* pretendemos fazer um comentário antropológico-teológico dos atuais ritos sacramentais com a intenção pastoral de ajudar àqueles que os administram.

Capítulo II
O sacramento da caneca

Há uma caneca de alumínio. Daquele antigo, bom e brilhante. O cabo é roto. Mas lhe confere um ar de antiguidade. Nela beberam os 11 filhos de pequenos a grandes. Ela acompanhou a família nas muitas mudanças. Da roça para a vila. Da vila para a cidade. Da cidade para a metrópole. Houve nascimentos. Houve mortes. Ela participou de tudo. Veio sempre junto. É a continuidade do mistério da vida na diferença de situações vitais e mortais. Ela permanece. Sempre brilhante e antiga. Creio que quando entrou em casa já devia ser velha. Dessa velhice que é mocidade porque gera e dá vida. Peça central da cozinha.

Sempre que se bebe nela não se bebe água. Mas o frescor, a doçura, a familiaridade, a história familiar, a reminiscência da criança sôfrega que sacia a sede. Pode ser qualquer água. Nesta caneca, ela é sempre fresca e boa. Na casa todos que matam a sede bebem desta caneca. Como num rito todos exclamam: Como é bom beber desta caneca! Como a água aqui é boa! E trata-se da água que, pelos jornais, vem mal tratada. Vem do rio imundo da cidade. Cheia de cloro. Mas por causa da caneca a água se torna boa, saudável, fresca e doce.

O filho regressa. Percorreu o mundo. Estudou. Chega. Beija a mãe. Abraça os irmãos. Matam-se saudades sofridas. As palavras são poucas. Os olhares longos e minuciosos. É preciso antes beber o outro para amá-lo. Os olhos que bebem falam a linguagem do coração. Só depois do olhar, a boca fala das superficialidades: Como você ficou gordo! Você ainda é bonito! Como ficou adulto! O olhar não fala nada disso. Ele fala o inefável do amor. Só a luz entende. "Mamãe, estou com sede! Quero beber da velha caneca!"

E o filho tomou de tantas águas. A acqua di San Pellegrino. As águas da Alemanha, da Inglaterra, da França, a boa água da Grécia. Água das fontes cristalinas dos Alpes, do Tirol, das fontes romanas, a água de S. Francisco. Água de Ouro-Fino, de Teresópolis, de Petrópolis. Tantas águas... Mas nenhuma é como essa. Bebe uma caneca. Não para matar a sede do corpo. Esta as tantas águas matam. Mas a sede do arquétipo familiar, a sede dos penates paternos, a sede fraternal, arqueológica, das raízes donde vem a seiva da vida humana. Esta sede só a caneca pode matar. Bebe uma primeira caneca. Sofregamente. Terminou com um suspiro longo, como quem mergulhou e veio à tona. Depois bebe outra. Lentamente. É para degustar o mistério que a caneca contém e significa.

Por que a água da caneca é boa e doce, saudável e fresca? Porque a caneca é um sacramento. A caneca-sacramento confere à água bondade, doçura, frescor e saúde.

1. Que é um sacramento?

Hoje muita gente não sabe mais o que é sacramento. Os antigos sabiam. Eu custei a aprender. Durante cinco anos estudei muitas horas por dia tudo o que se escreveu sobre o sacramento. Nas línguas cristãs, desde os dias da Bíblia até hoje. Foi uma batalha do espírito. Daí resultaram 552 páginas impressas e publicadas em livro. Mas esse não foi o principal resultado. Depois de tanto esforço, raiva, alegria, maldição e bênção descobri aquilo que estava sempre descoberto. Provei o óbvio ululante. O sacramento era aquilo que eu sempre vivia e todos vivem, mas que eu não sabia e poucos sabem. Tornei a contemplar a paisagem que está sempre diante do nariz. O dia a dia é cheio de sacramentos. Na arqueologia do quotidiano medram os sacramentos vivos, vividos e verdadeiros. É a caneca da minha família; a polenta da mamãe; o último toco de cigarro de palha deixado por meu pai e guardado com todo o carinho; a velha mesa de trabalho; uma vela grossa de Natal; o vaso de flor em cima da mesa; aquele pedaço de montanha; o velho caminho pedregoso; a velha casa paterna etc. Estas coisas deixaram de ser coisas. Elas ficaram gente. Falam. Podemos ouvir sua voz e sua mensagem. Elas possuem um interior e um coração. Tornaram-se sacramentos. Em outras palavras: são sinais que contêm, exibem, rememoram, visualizam e comunicam uma outra realidade diferente deles, mas presente neles.

A modernidade vive entre sacramentos mas não possui a abertura ocular capaz de visualizá-los reflexamente. É porque vê as coisas como coisas. Contempla-as de fora. Quem as vê por dentro percebe que elas possuem uma fenda pela qual entra uma luz superior. A luz ilumina as coisas, torna-as transparentes e diáfanas. Ilustremos isso com o sacramento da caneca.

2. A caneca vista de fora: o ocular científico

A caneca que descrevemos anteriormente pode ser vista do lado de fora. É uma caneca como todas as outras. Provavelmente mais feia, envelhecida e disfuncional. É de alumínio. Ela interessa ao físico enquanto analisa os componentes físicos do alumínio. O economista pode trazer uma série de informações sobre preços do alumínio, sua extração, produção, comercialização. O historiador (digamos que se trate de uma caneca do tempo de Augusto romano) pode ocupar-se dela e situá-la no espaço e no tempo. O artista pode considerá-la um objeto sem qualquer valor estético. Os museus não irão querê-la, porque não significa nada. Todos veem a caneca como coisa. É típico de nossa experiência epocal, especialmente a partir do século XV, considerar tudo como coisa, sobre a qual podemos nos debruçar e analisar o que podemos ver. Fazemos de tudo ob-jeto (*ob-iectum*) de estudo e de ciência: Deus, o homem, a história, a natureza. Nós os colocamos(*jeto*) à nossa frente(*ob*) e assestamos nosso ocular perscrutador. Podemos fazer muitas ciências sobre um e o mesmo objeto. Porque ele interessa aos vários oculares científicos. Daí dizermos hoje que sabemos cada vez mais sobre cada vez menos.

A caneca analisada assim é um objeto entre outros tantos objetos. Ela não fez história com ninguém e não entrou na vida de ninguém.

3. A caneca vista de dentro: o ocular sacramental

Pode acontecer que alguém cativou uma caneca. Esta caneca salvou alguém da sede ardente do deserto sem fim.

Ou, como no meu caso, esta caneca entrou na história da minha vida e da minha família. Ela é única no mundo. Não há nenhuma igual a ela. Ela deixou de ser ob-jeto. Tornou-se um sujeito (*sub-iectum*). Possui como todos os sujeitos uma história que pode ser contada e lembrada. Houve um relacionamento profundo com a caneca-coisa. Este relacionamento de amor criou em nós um ocular que nos permite ver um valor inestimável existente na caneca. Por isso ela ganha um nome. Inscreve-se dentro do mundo do homem. E começa a falar. A caneca fala da infância e das sedes saciadas por ela; fala da água buscada no poço distante, a 600 metros da casa, poço profundo, de água virginal, mas que nos fazia sofrer e rogar pragas nas manhãs de inverno ou nas tardes chuvosas e que por isso tornava a água tanto mais preciosa e casta.

A caneca fala da história da família que ela sempre acompanhou, na vida e na morte. Ela foi entrando cada vez mais na família. No final era um filho a mais cercado de carinho. E hoje está lá ainda a falar e a relembrar na fidelidade e na humildade de servir a água que agora ficou doce, fresca e boa por causa da caneca... Essa é a visão interior da caneca. Foi o relacionamento havido com ela que a fez ser um sacramento familiar.

Ao olhar uma coisa pelo lado de fora, concentro-me nela, debruço-me sobre ela, manipulo-a, transformo-a e deixo que a coisa fique nada mais que coisa, objeto do uso e do ab-uso humano. É o pensar científico de nossa modernidade. Não é mau. É apenas diferente. Como poderíamos ser inimigos de nosso próprio mundo que com esse ocular científico nos alonga e nos facilita a vida, nos prolonga a ação dos braços, das pernas, dos olhos com instrumentos portentosos, fazendo-nos cada vez mais senhores da natureza? Mas o homem é só isso? É apenas um robô de ações, um computador de informações e uma lente micro e macroscópica orientada para o mundo? Ou ele é aquele que pode se relacionar humanamente com as coisas? Ver valores e detectar um sentido nelas?

Ao olhar uma coisa pelo lado de dentro, não me concentro nela, mas no valor e no sentido que ela assume para mim. Ela deixa de ser coisa para se transformar num símbolo e num sinal que me e-voca, pro-voca e con-voca para situações, reminiscências e o sentido que ela encarna e expressa. Sacramento significa exatamente essa realidade do mundo que, sem deixar o mundo, fala de um outro mundo, o mundo humano das vivências profundas, dos valores inquestionáveis e do sentido plenificador da vida. Compreender este pensar é abrir-se para a acolhida dos sacramentos da fé. Eles radicalizam os sacramentos naturais nos quais vivemos em nossa diuturna quotidianidade.

O sacramento modifica o mundo: a água pode ser qualquer água. Mas desde que foi servida e sorvida na caneca-sacramento, para aquele que entende e vive a visão interior das coisas, ela é doce, saudável, fresca e boa. Comunica vida. Fala do mistério que mora nas coisas.

A caneca de alumínio está lá na cozinha na sua tranquila dignidade, entre tantos objetos e coisas domésticas. É velha. Mas só ela conserva a perene juventude da vida. Porque só ela vive entre coisas mortas. Só ela é sujeito entre tantos objetos. Só ela fala entre tantas coisas mudas. Só ela é sacramento, na humildade de uma cozinha familiar.

Capítulo III
O sacramento do toco de cigarro

No fundo da gaveta se esconde um pequeno tesouro. Um vidrinho com um pequeno toco de cigarro. De palha e de fumo amarelinho, como se costuma fumar no Sul do Brasil. Até aqui nada de novo. Contudo, este insignificante toco de cigarro tem uma história única. Fala ao coração. Possui um valor evocativo de infinita saudade.

Era o dia 11 de agosto de 1965. Munique, na Alemanha. Lembro-me bem: lá fora as casas aplaudiam o sol vigoroso do verão europeu; flores multicores explodiam nos parques e acenavam ridentes das janelas. São duas horas da tarde. O carteiro me traz a primeira carta da pátria. Ela vem carregada de saudade deixada pelo caminho percorrido. Sofregamente abro-a. Todos de casa escreveram. Parece quase um jornal. Paira um mistério: "Já deves estar em Munique quando leres estas linhas. Iguais a todas as outras, esta carta, embora diferente das demais, te traz uma bela mensagem, uma notícia que, vista sob o ângulo da fé, é deveras alvissareira. Deus exigiu de nós, há poucos dias, um tributo de amor, de fé e de penhorado agradecimento. Ele desceu no seio da nossa família. Olhou-nos um a um e escolheu para si o mais perfeito, o mais santo, o mais maduro, o melhor de todos, o mais próximo dele, o nosso querido Papai.

Querido, Deus não o tirou de nós, mas deixou-o mais ainda entre nós. Deus não levou Papai só para si, mas deixou-o mais ainda para nós. Ele não arrancou Papai da alegria de nossas férias, mas plantou-o mais fundo na memória de todos nós. Deus não furtou Papai da nossa presença, mas deu-o mais presente. Ele não o levou, mas o deixou. Papai não partiu, mas chegou. Papai não foi, mas veio para que Papai fosse mais Pai ainda, para que Papai estivesse presente hoje e sempre, aqui no Brasil com todos nós, contigo na Alemanha, com o Ruy e o Clodovis em Lovaina e com o Waldemar nos Estados Unidos".

E a carta prosseguiu com o depoimento de cada irmão, onde a morte, instaurada no coração da vida de um homem de 54 anos, era celebrada como Irmã e como a festa da comunhão que unia a família dispersa em três países diferentes. Na turbulência das lágrimas borbulhava uma serenidade profunda. A fé ilumina e exorciza o absurdo da morte. Ela é o *vere dies natalis* do homem. Por isso, nas catacumbas do velho convento, na presença de tantos vivos do passado, desde Guilherme de Ockham até o humilde enfermeiro que, há dias, acabava de nascer para Deus, celebrei, por três dias consecutivos, a missa santa do Natal para aquele que, lá longe, na pátria, já celebrara o seu Natal definitivo. E que estranha profundidade não ganhavam aqueles velhos textos da fé: "puer natus est nobis..."

No dia seguinte, no envelope que me anunciava a morte, percebi um sinal da vida daquele que nos dera a vida em todos os sentidos, e que me passara despercebido: um toco amarelecido de um cigarro de palha. Fora o último que havia fumado, momentos antes de um enfarte do miocárdio o haver libertado definitivamente desta cansada existência. A intuição profundamente feminina e sacramental de uma irmã a moveu a colocar esse toco de cigarro no envelope. Desta hora em diante, o toco de cigarro não é mais um toco de cigarro. É um sacramento. Está vivo e fala da vida. Acompanha a vida. Sua cor típica, seu cheiro forte e o queimado de sua ponta o fazem ainda aceso em nossa vida. Por isso ele é de valor inestimável. Pertence ao coração da vida e à vida do coração. Recorda e torna presente a figura do Pai que agora já se tornou, com o passar dos anos, um arquétipo familiar e um marco de referência para valores fundamentais de todos os irmãos. "De sua boca ouvimos, de sua vida aprendemos: quem não vive para servir não serve para viver". É a advertência que colocamos para todos nós no frontispício de sua tumba.

1. O que é ainda um sacramento?

Toda vez que uma realidade do mundo, sem deixar o mundo, evoca uma outra realidade diferente dela, ela assume uma função sacramental. Deixa de ser coisa para se tornar um sinal ou um símbolo. Todo sinal é sinal *de* alguma coisa ou de algum valor *para* alguém. Como coisa pode ser absolutamente irrelevante. Como sinal pode ganhar uma valoração inestimável e preciosa. Tal o toco de cigarro de palha que, como coisa, é lançado ao lixo. Como símbolo é guardado qual tesouro inapreciável.

Que é que faz algo ser um sacramento? Já refletimos, ao descrevermos o sacramento da caneca, que a visão humana interior das coisas transmuta-as em sacramentos. É o convívio com as coisas que as cria e re-cria simbolicamente. É o tempo que perdemos com elas, é o cativá-las, é o inserimento delas dentro de nossas experiências que as humaniza e as faz falar a língua dos homens. Os sacramentos revelam um modo típico de o homem pensar. Existe um verdadeiro pensar sacramental, como há o pensar científico. No pensar sacramental, num primeiro momento, tudo é visto *sub specie humanitatis.*

Tudo revela o homem, suas experiências bem ou malsucedidas, enfim, o encontro dele com a multiplicidade das manifestações do mundo. Neste encontro o homem não aborda o mundo de forma neutra. Ele julga. Descobre valores. Interpreta. Abre-se ou se fecha às evocações que lhe advêm. O convívio com o mundo faz com que ele crie sua morada. A moradia é a porção do mundo domesticada, onde cada coisa tem seu nome e ocupa o seu lugar. Na moradia as coisas não estão apenas jogadas. Elas participam da ordem humana. Tornam-se familiares. Revelam o que o homem é e como ele é. Elas falam e retratam o morador.

Quanto mais profundamente o homem se relaciona com o mundo e com as coisas de *seu* mundo, mais aparece a sacramentalidade. Então surge a pátria que é mais do que a extensão geográfica do país; então aparece a terrinha que nos viu nascer que é mais do que o pedaço de terra do Estado; então emerge a cidade natal que é mais do que a soma de suas casas e de seus habitantes; então mostra-se a casa paterna que é mais do que um edifício de pedras. Em tudo isso habitam valores, moram espíritos bons e maus e delineia-se a paisagem humana. O pensar sacramental faz com que os caminhos que andamos, as montanhas que vemos, os rios que banham nossas terras, as casas que habitam nossas vizinhanças, as pessoas que criam nosso convívio não sejam simplesmente pessoas, casas, rios, montanhas e caminhos como outros do mundo inteiro. Eles são únicos e inigualáveis. São uma parte de nós mesmos. Por isso, alegramo-nos e sofremos com seu destino. Lamentamos a derrubada da enorme maria-mole da praça. Choramos a demolição do velho barracão. Com eles, morre algo de nós mesmos. É porque eles não são mais coisas. São sacramentos de nossa vida abençoada ou maldita.

2. As dimensões da sacramentalidade

Tudo é sacramento ou pode tornar-se. Depende do homem e de seu olhar. Se ele olhar humanamente, relacionando-se, deixando que o mundo entre dentro dele e se torne o *seu* mundo, nesta mesma medida o mundo revela sua sacramentalidade. O homem, diziam os clássicos, é de alguma forma todas as coisas. Se isso é verdade, então será verdade também que tudo pode se tornar para ele sacramento. Desde que ele se abra a todas as coisas e as acolha na sua moradia. Será que não é nisso que reside a vocação essencial do homem face ao mundo? De hominizá-lo? De fazê-lo sua moradia e de tirá-lo de sua profunda opacidade? A via para essa sua vocação não será, porventura, o olhar sacramental? O mundo todo e não apenas uma parte dele será sua pátria amiga e familiar, onde mora a fraternidade e vige a tranquilidade da ordem de todas as coisas.

Quem diria que um toco de cigarro de palha pudesse tornar-se um sacramento? Ele está lá no fundo da gaveta. De quando em vez, abre-se o vidrinho. Um perfume exala. Pinta-se a cor de um passado vivo. A gaveta não contém a grandiosidade da presença que se cria. Os olhos da mente veem, viva, a figura paterna, presencializada no toco de cigarro de palha, cortando a palha, desfiando o fumo, acendendo o isqueiro, tragando longamente, dando aulas, lendo o jornal, queimando as camisas com as faíscas, varando noites com o trabalho penoso do escritório, fumando... fumando. O último cigarro se apagou com a vida mortal. Algo continua ainda aceso. Por causa do sacramento.

Capítulo IV
O sacramento do pão

De vez em quando lá em casa se faz o pão. Tal fato não deixa de ser estranho. Numa grande cidade. Com tantas padarias. Num apartamento. Alguém se dá ao luxo ou ao trabalho de fazer o pão! Não é uma necessidade. Nem é um pão para matar a fome. Fazer o pão obedece a um rito antigo. Surge de uma necessidade mais fundamental do que aquela de matar a fome. Repete-se um gesto arquetípico. O homem primitivo repetia alguns gestos, gestos primordiais com os quais se sentia unido ao começo das coisas e ao sentido latente do cosmos. Assim também aqui: repete-se um gesto cheio de sentido humano que vai para além das necessidades imediatas.

Agora o pão é feito na estreiteza do forno de um fogão a gás. Não é mais como outrora. Num enorme forno de tijolos. O pão é amassado com a mão. Longamente. Não é sem dor que se amassam as coisas. Cozido, é repartido entre os muitos irmãos que agora já estão fora, têm suas famílias e seus filhos. Todos eles acham o pão saboroso. "É o pão da mamãe!" Há algo de especial nele que não se encontra no pão anônimo, sem história, comprado na padaria do português ao lado ou no supermercado no Centro.

Que é esse algo no pão? Por que o pão é repartido entre os membros da família? É porque esse pão é um pão sacramental. Ele é feito de farinha de trigo com todos os ingredientes de qualquer pão. Contudo é diferente. Diferente porque só ele evoca uma outra realidade humana que se faz presente com esse pão feito pela mamãe, com seus cabelos brancos, já viúva, mas ligada aos gestos originários da vida e por isso ao sentido profundo que cada coisa familiar carrega.

Esse pão evoca a lembrança de um passado, quando era semanalmente feito com muito sacrifício. Eram onze bocas, quais passarinhos, esperando o alimento materno. Cedo se levantava aquela que se tornou o símbolo de *mulier fortis* e da *magna mater*. Amontoava muita farinha de trigo. Alvíssima. Tomava o fermento. Acrescentava muitos ovos. De vez em quando colocava até batata-doce dentro. E depois, com o braço forte e a mão vigorosa, amassava o pão. Até formar-se homogeneamente a massa. Esta era coberta com um pouco de farinha de milho mais grossa. Por fim com uma enorme toalha branca.

Quando levantávamos já estava lá sobre a mesa a massa enorme. Nós pequenos espiávamos por baixo da toalha para ver a massa fofa e macia. Escondidamente, com o dedo indicador, apanhávamos um pouco de massa. E a cozinhávamos na chapa quente do fogão a lenha. E depois vinha o fogo do forno. Precisava-se de muita lenha. As brigas eram frequentes... Quem deve hoje buscar a lenha? Mas quando saia o pão rosado como a saúde todos se alegravam. Os olhos da mãe brilhavam por entre o suor da face enxugada pelo avental branco.

Como num ritual, todos ganhavam um pedaço. O pão nunca era cortado. Até hoje. O pão era quebrado. Talvez para lembrar Aquele que foi reconhecido ao quebrar o pão (cf. Lc 24,30.35).

Aquele pão amassado na dor, crescido na expectativa, cozido com suor e comido na alegria, é um símbolo fundamental da vida. Sempre que papai viajava, mamãe o esperava com uma grande fornada de pão. E ele, como nós crianças, se alegrava com o pão fresco, comido com queijo ou salame italianos e um bom copo de vinho. Ninguém gozava tanto do sabor da existência simples do que ele com a frugalidade generosa destes alimentos primordiais da humanidade.

Agora, quando se faz o pão no apartamento, quando é distribuído entre os irmãos é para recordar o gesto de outrora. Ninguém dos irmãos sabe disso. Quem sabe é o inconsciente e as estruturas profundas da vida. O pão traz à memória consciente o que está encoberto nas profundezas do inconsciente familiar. Ele sempre pode ser avivado e ser re-vivido. Os irmãos acharão esse pão o melhor do mundo. Não porque seja fruto de alguma fórmula secreta, com a qual os negociantes fazem fortunas. Mas porque é um pão arquetípico e sacramental. Como sacramento ele participa da vida dos irmãos. Ele é bom para o coração. Alimenta o espírito da vida. Vem saturado de sentido que trans-luz e trans-parece em sua materialidade de pão.

1. O pensar sacramental: uma experiência total

Já refletimos sobre o pensar sacramental. Ele se caracteriza pelo modo como o homem aborda as coisas. Não indiferentemente. Mas criando laços com elas e deixando-as entrar em sua vida. Então elas começam a falar e a ser expressivas do homem. Do momento em que cativamos alguma coisa, ela começa a pertencer ao nosso mundo. Torna-se única. Bem dizia o Pequeno Príncipe às cinco mil rosas do jardim, iguaizinhas à única rosa de seu planeta B 612 que ele havia cativado: "Vós não sois absolutamente iguais à minha rosa, vós não sois nada ainda. Ninguém ainda vos cativou, nem cativastes a ninguém. Sois como era a minha raposa. Era uma raposa igual a cem mil outras. Mas eu fiz dela um amigo. Ela é agora única no mundo". Essa rosa bem como a raposa se transformaram em sacramentos. Elas visibilizam o convívio, o trabalho de criar laços, a espera, o tempo perdido. O trigo é para a raposa inútil. Os campos de trigo não lhe lembram coisa alguma. Mas o Pequeno Príncipe tem a cabeleira cor de ouro... Então o trigo cor de ouro começa a falar. Ele se transforma em sacramento. Faz lembrar o Pequeno Príncipe. E a raposa começará a amar o barulho do vento no trigal cor de ouro.

Da mesma forma ocorre com o pão. Esse pão não é igual a pão algum do mundo. Porque só ele, com seu perfume, com seu gosto inconfundível e com o trabalho empenhado de mamãe, lembrará a vida de ontem. Mas como lembrará?

2. In-manência, trans-cendência, trans-parência

O pão lembra algo que não é pão. Algo que trans-cende o pão. O pão, por sua vez, é algo in-manente. Permanece aí. Tem seu peso. Sua composição de elementos empregados:

farinha, ovos, água, sal e levedo. Sua opacidade. Esse pão (realidade in-manente) torna presente algo que não é o pão (realidade trans-cendente). Como o faz? Pelo pão e através do pão. O pão se torna então trans-parente para a realidade trans-cendente. Ele deixa de ser puramente in-manente. Não é mais como os demais pães. É diferente. É diferente porque recorda e traz presente por si mesmo (in-manência) e através de si mesmo (trans-parência) algo que vai além dele mesmo (trans-cendência).

O pão se torna trans-lúcido, trans-parente e diá-fano para a realidade do alimento, da fome, do esforço de mamãe, do suor, da alegria de repartir o pão, da volta de papai. Todo o mundo da infância se torna, de repente, presente na realidade do pão e através da realidade do pão.

O sacramento encerra dentro de si uma experiência total. O mundo não é só dividido em in-manência e trans-cendência. Existe uma outra categoria inter-mediária, a trans-parência, que acolhe em si tanto a in-manência quanto a trans-cendência. Estas duas não são realidades opostas. Uma frente à outra. Excluindo-se. Mas são realidades que con-mungam e se en-con-tram entre si. Elas se per-meiam, se con-jugam, se con-binam, se con-sociam, se con-ligam, se con-catenam, se con-municam e con-vivem uma na outra. A trans-parência quer dizer exatamente isso: o trans-cendente se torna presente no in-manente, fazendo que este se torne trans-parente para a realidade daquele. O trans-cendente irrompendo dentro do in-manente trans-figura o in-manente. Torna-o trans-parente.

Entender isso é entender o pensar sacramental e a estrutura do sacramento. Não entender isso significa não entender nada do mundo dos símbolos e dos sacramentos.

O sacramento (trans-parência) participa, portanto, de dois mundos: do trans-cendente e do in-manente. Isso não é sem tensões e tentações. O sacramento pode se imanentizar excluindo a transcendência. Então ele se torna opaco: sem o fulgor da transcendência que trans-figura o peso da matéria. O sacramento pode se transcendentalizar, excluindo a imanência. Então se torna abstrato. Perde a concreção que a imanência confere à transcendência. Em ambos os casos se perdeu a trans-parência das coisas. Perverteu-se o sacramento.

De vez em quando, lá em casa, se come o pão partido, feito pela mamãe. Ele é bom como a volta de papai. Ele é muito mais que um alimento. É fruto da dor, da alegria, do carinho pelos filhos, da surpresa de um regresso, das brigas por causa da lenha, da fome saciada. Ele é bom para o coração. Alimenta o espírito e não o corpo. Porque é um sacramento.

Capítulo V
O sacramento da vela natalina

A neve caía lá fora, leve... leve. Cobria já todos os campos com espesso manto branco. Só se via um mar de neve, com fantasmas escuros, os ciprestes, aqui e ali, assustando o olhar. Para um homem vindo dos trópicos, isso não deixava de ser um espetáculo deslumbrante. Era véspera de Natal. O primeiro Natal fora da pátria. Um misto de melancolia e de saudade e ao mesmo tempo de expectativa e serenidade interior aumentada pela atmosfera de inverno rigoroso de 22° abaixo de zero. Berchtensgaden, pequenina cidade no extremo-sul da Alemanha. Uma das paisagens mais soberbas da Baviera, apenas maculada pelo nome de Hitler que lá construiu no coração da montanha sua D-Haus, espécie de esconderijo que nunca chegou a usar.

O conventinho franciscano, no centro da cidadezinha, quase se perde no alvor da neve sob o espesso cinza do céu opaco. Só a torre pontiaguda fura o céu de neve. Passei a tarde perambulando de bengala pelas ruas enfeitadas. Segundo o costume local, nas janelas ardiam lanternas. É sinal que o Menino vem. Ele passa uma só vez. Há que estar preparado.

À tardinha ouvi muitas confissões, especialmente de franceses, que nesta época começavam a fazer esporte de inverno nas altas montanhas da redondeza. Evidentemente todos queriam se preparar para o Natal. Nós padres quase não temos tempo para nos preparar. Ajudamos os outros a se preparar. Nem festejamos bem o Natal. Estamos servindo àqueles que querem festejá-lo. À noite, na missa das 18 horas, enquanto todos se voltavam para o Pequeno no presépio e recordavam sua História, nós no confessionário ouvíamos outras histórias de outros amores. Se ao menos nesse dia, pensei então, pudéssemos todos ouvir a mesma História, a História do Amor no mundo, da Proximidade de Deus que, de Grande e Imenso em sua glória, se fez pequeno e finito em sua benignidade.

Depois, pelas 23 horas, ouvimos fortes rojões. Com grande intensidade e de todos os lados, iluminando a neve que ficava azul. Eram os camponeses que desciam as montanhas e vinham para a Missa do Galo. Em sua rude simplicidade, era esta a forma com a qual faziam carícias ao Menino Tenro que sorria entre o boi e o asno. A missa da meia-noite foi linda. Cantada pelos camponeses, vestidos de calças de couro até o joelho, com grossas meias e ainda mais grossos sapatões. Tocaram seus instrumentos, com melodias típicas da Baviera. Pareciam e bem podiam ser os pastores de Belém. Quando tudo acabou, fez-se grande silêncio. Pelos vales, viam-se luzinhas andando. Eram eles que regressavam pressurosos, glorificando e louvando a Deus por tudo o que tinham ouvido e visto.

Pela 1:30 hora da madrugada, soa a campainha do convento. Uma velhinha está na porta. Segura uma lanterna acesa. Toda envolta num grosso manto cinza. Trazia um pequeno pacote. Disse: "É para o paterle (padrezinho) estrangeiro que estava na missa do galo". Fui chamado. Entregou-me o pacote, todo enfeitado, com breves palavras: "O Sr. está longe de sua pátria. Distante dos seus. Aqui, um pequeno presentinho para o Sr. Também para o Sr. hoje é Natal". Apertou-me fortemente a mão e se afastou na noite abençoada pela neve.

No quarto, sozinho, enquanto ruminava imagens do Natal em casa, muito do estilo como este, mas sem a neve, desfiz, com reverência, o pacote. Era uma grossa vela. Vermelho-escura. Toda trabalhada. Com um grosso suporte de metal. Uma luzinha iluminou a noite da solidão. As sombras se projetavam trêmulas e longas na parede. Não me senti mais só. Fora da pátria havia acontecido o milagre de todo o Natal: a festa da fraternidade de todos os homens. Alguém compreendeu a mensagem do Menino: fez do estranho um próximo e do estrangeiro um irmão.

Hoje ainda, após alguns anos, a vela natalina vela pelo Natal sobre a estante de livros. Todos os anos, na Noite Santa, ela se acende. E irá acender-se sempre. Ao iluminar, ela recordará uma noite feliz, na neve, na solidão. Ela recordará o gesto de dar que é mais do que braço. Traz à memória o presentear que é mais do que dar. Ela re-presenta o Natal com tudo aquilo que ele significa de humano e de divino. Esta vela natalina é mais do que uma vela qualquer, por mais artística que seja. É um sacramento natalino.

1. Visto a partir de Deus, tudo é sacramento

Até a presente reflexão consideramos os sacramentos humanos. Agora é a vez de abordarmos os sacramentos divinos. Vistas *sub specie humanitatis* todas as coisas expressam e simbolizam o homem. São sacramentos humanos. Quanto mais deixamos que as coisas entrem em nossa vida, tanto mais elas manifestam sua sacramentalidade, isto é, se tornam significativas e únicas para nós. Elas evocam nossas vivências havidas com elas. Assim ocorre com a vela natalina. O Natal passou. Aquela vivência foi sobreposta por outras. Mas a vela continua aí. Ela não deixa que o passado fique passado. Ela re-memora e e-voca. O sacramento nos redime do passado. O fato morto vive. Por ela o Natal em Berchtensgaden fica sempre uma presença. São sacramentos humanos que povoam a vida de cada homem.

Há sacramentos divinos. Um homem possui uma profunda experiência de Deus. Deus não é um conceito aprendido no catecismo. Nem é a ponta da pirâmide que fecha, harmoniosamente, nosso sistema de pensamento. Mas é uma ex-peri-ência interior que atinge as raízes de sua ex-istência. Sem Ele tudo lhe seria absurdo. Nem compreenderia a si mesmo. Muito menos o mundo. Deus lhe aparece como um Mistério tão absoluto e radical que se anuncia em tudo, tudo penetra e por tudo resplende. Se Ele é o único Absoluto, então tudo o que existe é revelação dele. Para quem vive Deus desta maneira, o mundo in-manente se torna trans-parente para esta divina e trans-cendente realidade. O mundo fica diá-fano. Como dizia Santo Ireneu: "Diante de Deus, nada é vazio. Tudo é dele um sinal" (*Adv. haer.* 4,21). Fala de Deus. De sua Beleza. De sua Bondade. De seu Mistério. A montanha não é só montanha. Está a serviço da Grandeza, que ela encarna e evoca. O sol é mais do que o sol. Ele é sacramento da Luz divina que ilumina igual e generosamente desde o pedaço de esterco da estrada até a majestosa catedral, desde o miserável da rua até o papa no Vaticano. O homem não é apenas homem. É o maior sacramento de Deus, de sua Inteligência, de seu Amor e de seu Mistério. Jesus de Nazaré é mais do que o homem da Galileia. É o Cristo, o sacramento vivo de Deus, encarnado nele. A Igreja é mais do que a sociedade dos batizados. É o sacramento de Cristo ressuscitado fazendo-se presente na história.

Para quem vê tudo a partir de Deus, o mundo todo é um grande sacramento; cada coisa, cada evento histórico surgem como sacramentos de Deus e de Sua divina vontade. Mas isso só é possível para quem vive Deus. Caso contrário o mundo é opaco e uma realidade meramente imanente. Na medida em que alguém, com esforço e com luta, se deixa tomar e penetrar por Deus, nesta mesma medida é premiado com a trans-parência divina de todas as coisas. Os místicos nos dão a maior prova disso. S. Francisco mergulhou de tal forma no mistério de Deus, que, de repente, para ele tudo se trans-figurou. Tudo falava de Deus e de Cristo. O verme da estrada. O cordeiro do campo. Os passarinhos das árvores. O fogo. A morte, agora chamada de irmã morte. Deus enche tudo: a in-manência, a trans-parência e a trans-cendência, como diz S. Paulo: "Só há um Deus e Pai de tudo, que está acima de tudo (trans-cendência), por tudo (trans-parência) e em tudo (in-manência)" (Ef 4,6). Com Teilhard de Chardin, que viveu semelhante visão sacramental, podemos dizer: "O grande mistério do Cristianismo não é exatamente a aparição, mas a trans-parência de Deus no universo. Oh! Sim, Senhor, não somente o raio que aflora, mas o raio que penetra. Não vossa Epi-fania, Jesus, mas vossa dia-fania" (*Milieu Divin*, 162).

2. Mundo sacramental: função indicadora e função reveladora

A trans-parência do mundo para Deus é a categoria que nos permite entender a estrutura e o pensar sacramental. Isto significa que Deus nunca é atingido diretamente nele mesmo, mas sempre junto com o mundo e com as coisas do mundo que são diá-fanas e trans-parentes para Ele. Daí ser a experiência de Deus uma experiência sempre sacramental. Na coisa experimentamos Deus. O sacramento é uma parte do mundo (in-manente) mas que traz em si um outro Mundo (trans-cendente), Deus. Enquanto ele presencializa Deus, faz parte também do outro Mundo, de Deus. Daí é que o sacramento é sempre ambivalente. Nele há dois movimentos: um que vem de Deus para a coisa e outro que vai da coisa para Deus. Por isso, podemos dizer que o sacramento possui duas funções: a função indicadora e a função reveladora.

Em sua *função indicadora,* o objeto sacramental indica e aponta para Deus presente dentro dele. Deus é apreendido não *com* o objeto, mas *no* objeto. O objeto não absorve sobre si o olhar do homem. Faz com que o olhar humano se dirija para Deus presente no objeto sacramental. O homem vê o sacramento. Mas não deve descansar neste olhar objetivado. Deve trans-cender e descansar em Deus comunicado no sacramento. Esta é a função indicadora do sacramento. Vai do objeto para Deus.

Em sua *função reveladora,* o sacramento revela, comunica e expressa Deus presente nele. O movimento vai de Deus para o objeto sacramental. Deus, em si invisível e inagarrável, se torna sacramentalmente visível e agarrável. Sua presença inefável no objeto faz com que este se trans-figure e se dia-fanize. Sem deixar de pertencer ao mundo, se torna veículo e instrumento da comunicação do Mundo divino. É o evento da Trans-parência e Dia-fania divinas. O homem de fé é convidado a mergulhar na Luz divina que resplende dentro do mundo. O sacramento não tira o homem de seu mundo. Dirige-lhe um apelo para que olhe com mais profundidade para dentro do coração do mundo. Como diz S. Paulo: todo homem é chamado – e ninguém é excluído disso, por isso ninguém é indesculpável – a refletir profundamente sobre as obras da criação. Se fizer isso incansavelmente verá: o que parecia invisível, o poder eterno e a divindade, começam a se tornar visíveis (Rm 1,19-20). O mundo, sem deixar de ser mundo, se trans-muta num eloquente sacramento de Deus: aponta para Deus e revela Deus. A vocação essencial do homem terrestre consiste em tornar-se um homem sacramental.

Quando em cada Natal a vela, por uns momentos, se acende, ela recorda duas coisas: indica e aponta para um fato do passado e fala do gesto da fraternidade, resgatando-o da mortalidade do passado e fazendo-o viver no presente; e revela com sua luz trêmula uma Luz que se acendeu na noite do desamparo humano para nos dizer: Ó homem, alegra-te! A luz tem mais direito do que as trevas. Esta é a Luz verdadeira que ilumina todo homem que vem a este mundo. Ela já estava no mundo e o mundo era diá-fano e trans-parente para Deus. Mas os homens não a viram. Agora porém, com Sua Diafania, vimos o clarão de sua glória, glória do Unigênito do Pai, cheio de graça e de verdade (cf. Jo 1,9-14).

Capítulo VI
O sacramento da história da vida

Há momentos na vida nos quais a consideração do passado constitui a verdade do presente. Mostra-lhe o sentido e a sua razão mais profunda. Vendo-se mais de perto, o passado, na verdade, deixa de ser passado. É uma forma como se vive o presente. Uma experiência significativa do presente abre uma paisagem nova na contemplação do passado. Ela estava lá. Mas ninguém podia vê-la. Porque faltavam os olhos. A experiência do presente cria novos olhos para ver coisas antigas. Então elas ficam novas como o presente.

O passado aparece então, não como um suceder anódino de fatos, mas como uma corrente lógica e coerente. Um nexo misterioso liga os fatos. Emerge um sentido patente, antes latente no rio da vida. Houve um plano que se foi desdobrando lentamente, como a gente vai desdobrando um mapa geográfico de uma região. No emaranhado dos dados, destacam-se as cidades, os rios, as estradas ligando os principais pontos. A região não é mais terra incógnita. A região mapeada tem sentido para o viajante. Ele anda sem errar porque vê o caminho.

Algo semelhante ocorre com a vida. Ela vai inscrevendo pontos. Vai abrindo caminhos. Ninguém sabe bem para onde eles podem conduzir. Mas são caminhos. De repente acontece algo muito importante. No mapa da vida aparece um ponto como uma grande cidade. Para ela correm os caminhos. Passam os rios. Cruzam os aviões. A vida começa a ganhar sentido porque temos um ponto de apoio e uma elevação importante donde podemos ver a paisagem ao derredor. Formou-se a corrente coerente da vida!

Este presente é uma experiência muito profunda. Preparada. Sofrida. Purificada por crises. Madura. Houve uma decisão que empenhou toda a vida. A salvação e a perdição. O homem proferiu a sua palavra. Definiu-se perante a vida. Não pode mais borrar a palavra empenhada sem trocar o curso da existência. A partir desta decisão olha para o passado. Relê tudo em função deste presente: como foi sendo concebido, gestado, configurado até enfim nascer. A gente lê o sentido da vida a partir de um passado que culmina neste presente.

Concretamente: na noite de 14 de dezembro de 1964, 18 jovens decidem se ordenar sacerdotes. No vigor dos 26 anos. Amanhã será, enfim, a ordenação! Este dia foi preparado durante 15 anos. Amanhã serei revestido de Cristo, na força de poder representá-lo, de poder emprestar-lhe a presença, a voz, os gestos, o corpo. O homem treme, tanto mais quanto aprofunda o significado de tal audácia misteriosa e conscientiza o abismo que medeia entre o Pecador e o Santo. No jogo da vida irá representar o papel de Cristo. Como em todo o jogo, isso é absolutamente sério. Houve a ordenação. A gente sobreviveu à erupção do Mistério. Uma semana após celebraram-se as primícias ou a primeira missa solene entre parentes e amigos, na terra, onde tudo começou.

Todos vêm. Os olhos cheios de respeito. Arquétipos primitivos são ativados: todos temem se aproximar daquele que foi consagrado. Mas o arquétipo familiar quebra o tabu. Começam os comentários, especialmente das tias mais idosas, destas que carregaram a criancinha, agora neo-sacerdote, no colo e viram as primeiras travessuras infantis. "Eu sempre dizia: desde pequeno ele tinha inclinação para padre. Com cinco anos já celebrava missa, vestido com um velho capote, e fazia sermão para os irmãozinhos!" Um antigo empregado recorda: "Uma vez ele subiu em cima de um toco. Fez um sermão ao estilo dos capuchinhos. Condenou um irmão ao inferno. Houve reação dele. Caiu. Fincou um estrepe. Teve até de ser operado na perna!" Cada um ia ligando fatos; a corrente ia se fazendo até culminar no dia das primícias.

Eu mesmo só me lembro do dia 9 de maio de 1949. Até lá nunca pensei em ser padre. Havia uma sadia tradição anticlerical na família, herança preciosa que todos até hoje levaram. Veio um padre. Era um carioca. Falou das vocações sacerdotais. De São Francisco e de Santo Antônio. Da grandeza de ser outro Cristo na terra. E arrematou: quem quiser ser padre levante a mão! Eu ouvi tudo. Senti um calor incrível. Fui invadido por um fogo no rosto que tornou eternidade a curta duração entre a pergunta e a resposta com o levantar a mão. Alguém em mim levantou minha mão. Fui anotado. Meu pai notificado. Depois, em casa, chorava porque fizera isso. Por que ser padre? Eu queria ser chofer de caminhão, a vocação mais sublime que havia, pois conduzia e domava monstros como eram, para nós, os antigos caminhões. Mas uma palavra tinha sido proferida e definido a vida.

Entrei no seminário. Os elos se foram construindo. Só agora, na noite de 14 de dezembro de 1964, posso uni-los. Meu Deus, eles fazem uma corrente! Ainda reboam as palavras que todos proferimos: "Senhor, na simplicidade de meu coração, alegre, Vos ofereci tudo..." E o povo que estava derredor dizia: "Conservai-lhe, Senhor, esta santa vontade!" A vida é feita de releituras do passado. Cada decisão importante no presente abre novas visões do passado. Cada fato ocorrido ganha sentido como fio condutor e secreto que carregava latentemente o futuro que agora se faz presente. O fato passado antecipa, prepara, simboliza o futuro. Ele assume um caráter sacramental.

1. Uma vez mais: O que é um sacramento?

Sacramento é tudo, quando visto a partir e à luz de Deus: o mundo, o homem, cada coisa, sinal e símbolo do Transcendente. Para a Igreja Primitiva sacramento era de modo particular a história humana dentro da qual se realiza o plano salvífico de Deus, a acolhida ou a rejeição da graça por parte do homem. O sentido dos fatos é portador de um Sentido transcendente. Ele corporifica o desígnio salvador de Deus. A história das barbaridades, a anti-história dos humilhados e ofendidos injustamente é expressão da recusa humana face ao apelo da salvação. Os fatos todos tornam-se assim figurativos seja da salvação seja da perdição.

São sacramentos que significam e presencializam a perdição ou a salvação. A história toda, como unidade de sentido, assume um caráter sacramental.

Também os atos concretizadores desta história assumem um caráter sacramental, mesmo aqueles que compõem a quotidianidade da existência. Assim a luta de um povo para sua libertação se transforma em sacramento; o movimento operário que conquistou com suor e sangue seus direitos fundamentais, o povo de um bairro que festeja os serviços públicos instalados no local, como a escola, a assistência médica, a luz elétrica e a água. Em todos esses fatos se concretiza um pouco o Reino de Deus e se antecipa a definitiva salvação.

O povo judeu foi mestre nesta interpretação da história humana, lida como história da salvação ou da perdição. A partir de uma experiência muito importante e decisiva releram, cada vez, todo o seu passado. Surgia uma nova síntese, onde o presente acontecido já se anunciava latentemente e se preparava lentamente no passado de forma cada vez mais nítida até irromper, límpido, na experiência presente da fé. O passado era sacramento do presente. Exemplifiquemos.

Sob Davi e Salomão Israel conquista definitivamente a terra de Canaã. Há paz e goza-se da tranquilidade da ordem. Por volta de 950 a.C., sob o rei Salomão, surge um dos maiores gênios teológicos da história, o Javista (assim chamado porque em seus escritos chama a Deus sempre de Javé). Ele interpreta a paz do presente como encarnação da salvação de Deus para o seu povo. A partir deste presente lê o passado, como tudo foi sendo preparado e encaminhado por Deus de tal modo que desembocasse na situação ridente de agora.

O presente não é fortuito: é obra do desígnio amoroso de Deus para com o povo de Israel. O Javista elabora então uma vigorosa síntese religiosa. Deus criou tudo. Tudo era bom. A humanidade vivia na atmosfera de Seu amor, simbolizada no jardim de delícias ou o paraíso terrestre. Mas ela decaiu. Deus espalhou os homens por toda a terra. Com Noé tenta em vão um novo começo. Então escolhe Abraão para ser o instrumento de salvação para todos os povos. Promete-lhe Canaã como a terra do povo escolhido, nascido de Abraão. Mas esse povo é escravizado no Egito. Deus o liberta e lentamente faz com que ele conquiste a cultura canaanita. Agora com Davi e Salomão se realiza plenamente esse desígnio.

O caminho foi longo e cheio de ziguezagues. Mas Deus escreveu direito por linhas tortas. O presente permitiu ao Javista reler desta forma todo o passado.

Duzentos anos após, a situação é diferente. A unidade do reino davídico-salomônico foi destruída. O reino do Norte é agora ameaçado pelos assírios. Há decadência moral. A terra prometida e penosamente conquistada está a pique de ser invadida. Nessa circunstância, por volta de 740 a.C., surge um grande teólogo, o Eloísta (porque chama a Deus de Eloim). A situação presente fornece-lhe os olhos para reler o passado, como tudo caminhou para esse desastre nacional. No passado não vê tanto a história da salvação como o Javista, mas a história da perdição. Sua síntese é simples: Deus faz sempre uma aliança com o povo. O povo quebra o pacto. Deus castiga. Renova a aliança. O povo torna a trair a aliança. A aliança é símbolo da traição e da recusa do povo. Somente voltando à fidelidade é que Israel poderá ser feliz e escapar da ameaça assíria. Os fatos passados são sacramentos do presente infeliz. A situação de agora é fruto de toda uma história de rechaços.

2. De leitura em leitura se estrutura o sacramento

A Bíblia está cheia de semelhantes releituras. O Novo Testamento é a última grande releitura de toda a história passada. Para os Apóstolos e Evangelistas a vida, a morte e a ressurreição de Jesus Cristo lhes ofereceu a definitiva luz com a qual podiam decifrar todo o sentido escondido do passado. Para eles, como para nós, Jesus Cristo Ressuscitado constitui o fato decisivo da humanidade: aí se mostrou que a libertação da morte, das limitações da vida e do absurdo histórico é possível. Esse evento não é puro acaso da história. Não é um aborto. Ele foi preparado. Foi sendo gestado dentro da criação. Como dizia Santo Agostinho, a história estava grávida de Cristo. E ele foi crescendo até nascer. A partir dele podemos, como fez o Novo Testamento, reler todo o passado: como a própria criação já está orientada para Ele; como Adão é imagem e semelhança de Cristo. Ele estava latentemente presente em Abraão, em Moisés, em Isaías; Ele falava pela boca de Buda, de Chuang-tzu, de Sócrates e de Platão. O significado deles se revela plenamente à luz de Cristo: o que eles intencionaram Jesus realizou. Eles são sacramentos de Cristo.

Mais tarde os cristãos fizeram a experiência da comunidade eclesial, como comunidade de amor, de unidade, de serviço, de esperança. Esse fato presente lhes proporcionou uma ótica para reler também o passado. Assim já os primeiros cristãos, como no-lo atestam Pápias, a Didaqué, Tertuliano, Orígenes, Santo Agostinho etc., viam a Igreja sendo preparada já na criação do mundo com Adão e Eva, a primeira comunidade de amor. As religiões do mundo, o povo de Israel, a comunidade apostólica de Jesus com os Doze eram sacramentos e símbolos da Igreja. Ela foi sendo preparada pouco e pouco até se manifestar plenamente a partir de Pentecostes.

Há ainda uma última possibilidade de leitura sacramental: ver tudo a partir do fim derradeiro da história, a partir do céu ou do inferno. Então tudo se constitui em sacramento preparador para esse fim último: a criação, os povos, as religiões, as comunidades políticas, Jesus Cristo e a Igreja. Eles são elos penúltimos e símbolos antecipadores do fim. Quando irromper o fim mesmo, então, como no-lo recorda a Imitação de Cristo, cessará a função dos sacramentos: ver-se-á tudo face a face sem a mediação simbólica dos significantes.

Como se depara: essa leitura não é arbitrária. A vida humana é releitura do passado, como forma de viver o presente e de cobrar forças para o futuro. O neo-sacerdote relê a partir da ordenação, fato importante de sua vida, todo seu passado historial. Descobre tantos gestos precursores, insignificantes, mas que carregavam o futuro que se fez presente. Tudo então se torna símbolo e sacramento. Assim ocorre com a história humana. Ela é sacramento da libertação ou da opressão, da salvação ou da perdição.

Capítulo VII
O sacramento do professor primário

Ele era quase um mito. Nas populações do interior, onde ainda não chegaram os grandes meios de comunicação com seus super-heróis, ele era considerado um herói, um sábio, um mestre, um conselheiro. Sua palavra virava sentença. Sua solução um caminho. Quem era esse mortal? O Sr. Mansueto, professor de escola primária, em Planalto, Santa Catarina, vila de colonos italianos. Para os que o conhecemos e fomos seus alunos ele representou o símbolo sacramental de valores fundamentais da existência como idealismo, abnegação, humildade, amor ao próximo, sabedoria da vida. Os valores não se comunicam abstratamente. Proclamando-os ou defendendo-os. Mas concretamente. Vivendo-os e referindo-os a pessoas que os encarnaram em suas vidas.

O Sr. Mansueto era uma destas aparições. Não sei se com o passar dos anos a tendência do espírito é mitizar experiências do passado; mas no caso do nosso querido professor primário o mito talvez seja a forma de melhor conservar a riqueza de sua história simples e concreta. Na vila, ele sobressaía como um pinheiro sobressai no meio da macega ou dos campos de gado, ondulados e verdes.

O Sr. Mansueto era principalmente um idealista. Formado em humanidades no rigor do seminário antigo, em contabilidade, em direito por correspondência (naquele tempo havia tais coisas...) e em não sei quantas coisas mais, esse homem franzino, magro, mas de uma elegância agreste com sua bela cabeça inteligente, deixou tudo, para, no mato, ensinar e libertar da ignorância e do abandono os primeiros desbravadores do interior catarinense. Para nós ele foi sempre um mistério: num mundo sem qualquer cultura, ele possuía uma biblioteca de cerca de dois mil livros que emprestava para todo mundo, obrigando os colonos e seus filhos a lerem, estudava os clássicos latinos na língua original, entretinha-se com alguns pensadores como Spinoza, Hegel e Darwin e assinava o *Correio do Povo*, de Porto Alegre. Tinha aulas de manhã e de tarde. À noite, antecipando-se ao Mobral, ensinava aos mais velhos. Ao lado disto mantinha uma escola para os mais inteligentes, ministrando-lhes um curso de contabilidade. Formou uma roda com quem discutia política e cultura. Os grandes problemas sociais e metafísicos preocupavam a alma inquieta deste pensador anônimo da insignificante vila interiorana. Jamais esquecemos sua alegria quando, várias vezes, solicitado por seus antigos alunos, já cursando a universidade, para fazer no lugar deles estágios em casa sobre problemas de direito constitucional, da legitimidade do poder por uma revolução vitoriosa ou temas de história pátria, era informado que a nota tinha sido 10.

Esse homem era professor primário. Já na escola nos ensinava as primeiras palavras em grego e latim e fornecia aos alunos rudimentos de filologia. Com que orgulho recitávamos estas palavras depois no ginásio... Na escola transmitia tudo o que um homem, formado apenas nessa universidade primária, devia saber: noções de ecologia, juros, medição de terras, legislação civil, princípios de construção de casas, religião como visão de Deus no mundo que nos cercava.

Quando se comercializou o rádio, adquiria aparelhos e obrigava a todos os colonos a comprá-los. Montava-os ele mesmo com o fito de abrir suas mentes aos horizontes vastos do mundo, a fim de que aprendessem português (a maioria falava italiano e uns poucos alemão) e se humanizassem. Aos que se recusavam, usava sempre um expediente eficaz: montava o rádio em cima de um toco, na frente da casa. Ligava-o alto e ia embora. Quando a penicilina foi democratizada foi ele que salvou a vida de dezenas, alguns até já desenganados pelos médicos. Sua fama aumentava ao nível da fé cega dos colonos em suas receitas que ele estudava em livros técnicos e nos remédios que comprava em farmácias distantes. Atuava como advogado dos caboclos e pretos fortemente discriminados pela população imigrante. Quantas vezes não ouvíamos da boca deles: "Deus no céu e o Sr. Mansueto na terra!"

Morreu cedo de estafa e esgotamento pelos trabalhos que fazia em função de todos e da numerosa família. Sabia que ia morrer. Sentia-o pelo coração cansado. Acariciava a morte como amiga e sonhava palestrar com os grandes sábios no céu e fazer grandes interrogações a Deus. Morreu a mais de mil km de distância do lugar. O povo reclamou seu corpo. Foi uma apoteose. Começou-se uma verdadeira mansuetologia como memória e interpretação de sua vida, suas palavras e seus gestos. O povo não inventa. Aumenta. Idealiza e magnifica. Transformou-o em símbolo de um tipo de humanidade consagrada aos outros até o extremo da autoconsumação.

Leitor amigo, se um dia passar por uma pequena mas ridente cidade como o nome que leva, Concórdia, e visitar o cemitério, repare bem: se encontrar um túmulo com um belo dístico, com flores sempre frescas e já alguns ex-votos perto da grande cruz, à esquerda, então é do professor Mansueto. Ele vive ainda na memória daquela gente.

1. Jesus de Nazaré, o sacramento fontal de Deus

Para a Igreja Primitiva como para nós hoje, sacramento não precisa ser apenas algum objeto do mundo como uma caneca, um pedaço de pão ou uma vela natalina. A história toda, como já consideramos, pode ser sacramento enquanto o sentido dos fatos é portador de um Sentido radical, chamado salvação, ou de um sem-sentido que mediatiza um Absurdo mais profundo que vem interpretado como perdição. Dentro da história surgem pessoas que capitalizam o sentido histórico, encarnam a libertação, a graça, a bondade, a abertura irrestrita ao outro e ao Grande Outro. Os padres chamavam a estas figuras históricas de sacramentos: assim Abraão, Noé, Davi, Sara, Rebeca, Ana, Maria etc. E nós acrescentamos o Sr. Mansueto. Nesta linha, Jesus de Nazaré, na sua vida, nos seus gestos de bondade, na sua morte corajosa e na sua ressurreição, é chamado o Sacramento por excelência. Nele, a história da salvação, como realização de Sentido, encontrou sua culminância. Ele chegou por primeiro ao termo do longo processo de hominização, venceu a morte e irrompeu para dentro do Mistério de Deus. Enquanto encarna o plano salvífico de Deus que é união radical da criatura com o Criador e antecipatoriamente mostra qual é o destino de todos os homens redimidos, Jesus de Nazaré se apresenta como o sacramento fontal de Deus.

Se Deus é amor e perdão, servo de toda a humana criatura e simpatia graciosa para com todos os homens, então Jesus Cristo corporificava Deus em nosso meio pela sua inesgotável capacidade de amor, de renúncia a toda a vontade de poder e de vingança e de identificação com os marginalizados da ordem deste mundo. Era o sacramento vivo de Deus, que continha, significava e comunicava a simpatia amorosa de Deus para com todos. Os gestos, as ações, as várias fases da vida de Cristo eram sacramentos concretizadores do Mistério de Deus. Os Santos Padres falavam de *mysteria et sacramenta carnis Christi*. Dele nos vem, como assevera S. João, graça sobre graça (Jo 1,16); nele estava simplesmente a Vida (Jo 1,4); era a própria Vida (Jo 11,25; 14,6). Com Jesus de Nazaré "apareceu a benignidade e o amor humanitário de Deus, nosso Salvador" (Tt 3,4; 2Tm 1,10). Ele era a forma visível do Deus invisível (Cl 1,15), a irrupção epifânica da divindade na diafania da carne visível e palpável (Cl 2,9; 1Jo 1,2). "Quem me vê vê também o Pai" (Jo 14,9). Nesse sentido é que a grande tradição da Igreja até o Concílio Vaticano II chama a Cristo de sacramento de Deus. O Sr. Mansueto era sacramento daqueles valores que

Jesus de Nazaré viveu até a sua última radicalidade e encarnou na mais cristalina limpidez.

2. Jesus Cristo, sacramento do encontro

Deus marcou seu encontro com o homem em todas as coisas. Nelas o homem pode encontrar Deus. Por isso todas as coisas deste mundo são ou podem ser sacramentais. Cristo é o lugar de encontro por excelência: nele Deus está de forma humana e o homem de forma divina. A fé sempre viu e acreditou que em Jesus de Nazaré morto e ressuscitado Deus e o Homem se encontram numa unidade profunda, sem divisão e sem confusão. Pelo homem-Jesus se vai a Deus e pelo Deus-Jesus se vai ao homem. Ele é caminho e termo final do caminho. Nele se encontram os dois movimentos, ascendente e descendente: por um lado é a expressão palpável do amor de Deus (movimento descendente) e por outro é a forma definitiva do amor do homem (movimento ascendente). Quem dialogava com Cristo se encontrava com Deus.

Todas as vezes que a memória se volta para o professor Mansueto, vê-se mais que o professor Mansueto. Vê-se o sacramento. Ele visibilizava e historizava aquilo que era maior do que ele: a abnegação, o amor ao próximo, a dedicação extrema. Para quem vê mais longe ainda: ele mediatizava Aquele que foi a própria Abnegação, o radical Amor ao próximo e a exaustiva Dedicação. Porque era sacramento.

Capítulo VIII
O sacramento da casa

Evidentemente não se viaja só para chegar. Mas numa viagem o bom mesmo é a chegada. Penso na chegada de regresso. Chegar é como ancorar tranquilo no porto seguro depois de passar por toda sorte de possíveis perigos. Há tantos que viajam e nunca chegam... A chegada é boa porque o homem não vive por muito tempo sem casa ou fora de casa. A casa é a porção do mundo que se tornou sacramental, doméstica, humana, onde cada coisa tem seu lugar e o seu sentido. Onde não há nada de estranho. Onde tudo é exatamente familiar. As coisas da casa possuem vida e moram com os homens. Por isso, nada mais horrível do que os casarões imensos, supérfluos e vazios. Não são familiares. Neles não há penates. As coisas moram, não como bons espíritos, mas apenas como coisas possuídas por vaidade e ostentação. Não vivem. Por isso tornam sinistra a casa do opulento vaidoso.

Só sabe existencialmente o que significa casa paterna e familiar quem teve de viver fora dela. Anos a fio. De repente regressa como eu em 1970. Já de longe, do navio, se avistavam as fímbrias da pátria. O coração bate e há um grande estremecimento. À medida que o navio se aproxima a gente vai sendo envolvido pela familiaridade. O medo é banido.

Até a morte parece doce: aqui, sim, poderíamos deixar a morte acontecer! Porque se morreria nos braços aconchegantes e familiares da pátria. Chegamos! Os abraços são efusivos. Estamos na estrada que nos leva até a casa: tudo é olhado, estudado e redescoberto como quem abraça com os olhos velhos amigos: a serra ao longe, as árvores, as curvas do caminho. Enfim a casa, melhor o convento, a casa familiar de todo frade. É o mesmo de outrora. O mundo girou e mudou. A gente mudou e girou: entretanto ele está lá fincado firme na pequena elevação. Depois de abraçar todo mundo, a gente quer ver a casa e cada canto. Tudo nela é importante: "era esta a sala...", aqui se estudou duro; acolá, na capela, se rezou e se tentou, numa terrível guerra diária com o sono – levantava-se cedo naqueles tempos... – agarrar Deus e discutir com Jesus Cristo; lá estava a biblioteca escura, o corredor chamado Paraíso, a cela estreita onde se viveu. Os objetos se fazem vivos. Depois lá fora: é preciso saudar as árvores, cumprimentar os caminhos ao redor do morro e rezar à Virgem na gruta como se fazia outrora sempre às 9:30 da manhã. Tudo volta a ser familiar. Como é bom poder dizer: enfim, estou em casa! Ao dizer isso reboa nas profundezas da alma tudo o que arquetipicamente significa aconchego, espontaneidade, simplicidade e alegria de ser na familiaridade com todas as coisas.

É porque a casa toda é um grande sacramento. Cada coisa dentro dela participa desta sacramentalidade. Tornam-se também sacramentos: a sala de recreio, o refeitório, os quartos, a biblioteca, os quadros da parede, as estátuas, as folhagens nos corredores, as velhas escadas. Tudo é de alguma maneira sagrado e sacramental. Não se viola uma casa. Ela é um santuário. Não se convida, sem mais nem menos, alguém para entrar em casa. Porque nela há uma sacramentalidade e só os iniciados na amizade e no amor podem saborear conosco da familiaridade de todas as coisas da casa.

Reparando-se bem, a casa é um sacramento denso e fontal. A partir dela a cidade começa a se tornar também sacramental. A região toda onde está a cidade. O Estado onde está a região. A pátria onde está o Estado. O Continente onde está a pátria. Por fim, para o astronauta na lua, a terra onde está o continente: ela também é sacramental. Por isso podia o astronauta Erwin ponderar: "A lua é linda; o céu, profundo e maravilhoso. Mas somente na terra o homem pode morar. Como não era aconchegador aquele planeta verde lá embaixo... Lá há alguém que pensa em mim, me olha e me espera".

O sacramento fontal da casa vai se alargando em círculos que se abrem mais e mais até abrangerem tudo. Talvez, quando o homem sair do sistema solar, o próprio sistema, com toda sua vastidão, começará a se tornar sacramental — diferente de todos os outros — porque dentro dele gira a terra, onde há um continente, uma pátria, um Estado, uma região, uma cidade e uma casa familiar. Por causa desta casa, velha, com escuros corredores, com celas estreitas, sem água encanada, franciscanamente pobre, ele, de noite, se porá a ouvir estrelas e se fixará no planeta Terra, onde se concentra todo o sentido de universo. É que a casa está lá, sacramento familiar. Como se vê, o sacramento pode abranger tudo, na medida da abertura do coração.

1. Cristo, sacramento de Deus – Igreja, sacramento de Cristo

A Igreja em sua totalidade, como comunidade de fiéis e comunidade de história da fé em Jesus Cristo ressuscitado, com seu credo, com sua liturgia, com seu direito canônico, com seus costumes e tradições, com seus santos e mártires, foi chamada sempre de Grande Sacramento da graça e da salvação no mundo. Ela carrega dentro de si, como dom precioso, Cristo, o sacramento fontal de Deus. Assim como Cristo era o sacramento do Pai, a Igreja é o sacramento de Cristo. Ele continua e se faz palpável através dela, ao longo da história. Nela se mantém sempre viva a memória de sua vida, morte e ressurreição e do significado definitivo que possui para o destino de todos os homens. Sem ela, Cristo agiria na história. Estaria presente no processo de libertação dos homens. Atingiria secretamente o coração de todos, porque Ele é infinitamente maior do que a Igreja e não seu prisioneiro divino. Mas se não houvesse Igreja, como comunidade de fiéis, não haveria ninguém para tirá-lo do anonimato, para decifrar sua realidade presente mas escondida, para pronunciar seu nome verdadeiro e para venerá-lo como o Libertador dos homens e Senhor do cosmos. A Igreja se torna sacramento enquanto participa e diuturnamente atualiza o sacramento de Cristo. Para o homem de fé, ela é, em sua concreção histórica, como a casa familiar e sacramental. O que faz a casa ser casa familiar e sacramental não são as quatro paredes; não é o vazio dentro dela que nos permite morar. Mas é o espírito, a pessoa que enche de vida o vazio da casa e confere sentido às quatro paredes. Então ela é habitável e familiar.

De forma semelhante a Igreja. Não é o credo, não é a liturgia, não são as instituições nem as tradições que fazem a Igreja ser Igreja, sacramento de Cristo. Mas é a fé no Senhor presente que vivifica o credo, se exprime na liturgia, se encarna nas instituições e vive nas tradições. Tudo isso forma o sacramento, vale dizer, o instrumento pelo qual o Senhor invisível no céu se faz visível na terra. Dentro e por detrás dos sinais sensíveis (sacramentos) se esconde a verdadeira realidade salvífica da Igreja: Jesus Cristo e seu mistério. A Igreja possui estruturas como as demais sociedades; nela existem leis e doutrinas como em toda a sociedade; há ordem, disciplina e moral, como em toda a sociedade. Entretanto ela é diferente das demais sociedades por causa do Espírito que a anima.

Como na casa familiar e sacramental: nela há quartos, corredores, mesas, quadros na parede como em todas as casas dos homens. E contudo são diferentes, porque o espírito que enche de afeto e significado a todas estas coisas é diferente, fazendo-as precisamente familiares e sacramentais. De fora ninguém vê e distingue. Só o coração sabe e discerne. Analogamente com a Igreja: só a fé conhece e descobre nas frágeis – e não raro contraditórias – aparências exteriores um segredo íntimo e divino: a presença do Senhor ressuscitado. Por isso os Santos Padres chamavam com frequência a Igreja de *mirabile et ineffabile sacramentum*.

Como o sacramento fontal de Cristo era humano e divino, de forma análoga (não igual, porque na Igreja não há união hipostática) o sacramento universal da Igreja é também humano e divino. O elemento divino sempre se encarna no humano; torna-o transparente. O elemento humano está a serviço do divino; torna-o histórico. Desta forma, mais do que organização, a Igreja é um organismo vivo; mais do que instituição de salvação, é comunidade de salvação.

2. Tudo na Igreja é sacramental

Se a Igreja em sua totalidade como grandeza unitária é um grande sacramento, então também todas as coisas que se encontram dentro dela. Assim tudo na Igreja é sacramental porque recorda Cristo ou concretiza a Igreja-sacramento: a liturgia, com seus ritos, objetos sagrados, livros, elementos materiais; as pessoas desde o papa até o último fiel; a atividade da Igreja no mundo, na assistência social, na obra missionária, no anúncio profético. Para os padres até a deposição de um bispo era chamada sacramento bem como a profissão de um religioso. Todos os gestos e as palavras da Igreja-sacramento assumem igualmente uma função sacramental: estão detalhando no concreto da vida o que seja a própria Igreja-sacramento.

Assim como, a partir da casa familiar e sacramental, tudo podia assumir características sacramentais: a cidade, a pátria, o próprio planeta terra e, de forma semelhante, a Igreja. Como portadora da graça e do sacramento de Jesus Cristo, ela se faz presente lá onde Cristo e sua graça alcançam. Cristo possui dimensões cósmicas, tudo penetra e abarca: a Igreja tudo abarca e penetra. Ela é, como bem dizia a Didaqué, um dos textos mais antigos do Cristianismo, "um mistério cósmico". Por isso a Igreja é limitada apenas nos seus signos e na sua humanidade histórica. Mas o mistério que penetra esta humanidade histórica e os signos todos é livre e pode fazer-se presente em todas as fases do mundo. A partir disto os Santos Padres podiam falar da Igreja cósmica, da Igreja da lei natural, da Igreja das religiões do mundo, da Igreja do judaísmo, da Igreja de Jesus Cristo, da Igreja dos Apóstolos e da Igreja da glória no céu, onde "os justos desde Adão, do justo Abel até o último eleito, serão congregados" (*Lumen Gentium* 2).

A casa familiar e sacramental, velha, com celas estreitas sem água, franciscanamente pobre, apesar de todas suas limitações, é boa de se morar; é ditoso chegar. A partir daí o mundo tem um sentido e todas as estradas um rumo certo. Semelhantemente com a Igreja: é anciã, vem carregada de séculos, possui mãos calosas no amaino dos homens, é, não raro, demasiadamente prudente, vagarosa em andar porque lenta em compreender; apesar de todos estes senões, é nela que fomos gestados, nascidos e alimentados e encontramos diuturnamente Jesus Cristo e com ele todas as coisas. Por causa do sacramento.

Capítulo IX
Os eixos sacramentais da vida

Na casa-sacramento tudo é sacramental. Mas há densidades sacramentais. Há o quarto de papai e mamãe. Todos os objetos são sacramentais. Mas há a caneca que é um sacramento especial. É mais ou menos como num templo. Tudo é santo mas existe o Santo dos santos. Surgem, pois, momentos fortes na casa, onde a sacramentalidade total se densifica e aparece transparentemente. Assim era e continua a ser para nós o comer em família. Só se comia com toda a família reunida. Quantas vezes não se esperava até uma hora para que um dos membros chegasse! É porque o comer não significa apenas matar a fome. Come-se com os olhos e com o coração. Alimenta-se não somente o corpo. Mas o espírito, a união familiar e o aconchego. A comida é sacramento total: estreita os laços. Faz das muitas vidas uma só vida: a vida familiar.

Todos os dias são iguais: têm vinte e quatros horas. Mas o dia de aniversário é diferente. É sacramental: celebra-se o maior de todos os milagres: comecei um dia a viver e agora vivo! Por isso o aniversário vem carregado de símbolos e ritos que o fazem diferente de todos os outros dias.

No aniversário de casamento se festeja o início da história do amor e o amor da história pessoal. Mas o aniversariante não recorda só. Atualiza sempre de novo o passado. Fortifica o presente para garantir o futuro. Por causa disso é um dia sacramental, onde as flores, os abraços e a ceia assumem uma função eminentemente sacramental.

1. Se na Igreja tudo é sacramento, por que então os sete sacramentos?

Esta pergunta, legítima, pode ser respondida em dois níveis: um histórico-consciente e outro estrutural-inconsciente.

a) O nível histórico-consciente

Até o século XII usava-se a palavra sacramento como nós o fizemos, recuperando a mais antiga tradição da Igreja, para tudo o que se referia ao Sagrado. A partir do século XII, com os teólogos Rudulfus Ardens († 1200), Otto de Bamberg († 1139) e Hugo de São Vítor († 1141), se começou a destacar, das centenas de sacramentos (Santo Agostinho enumera 304), sete gestos primordiais da Igreja. Eram os atuais sete sacramentos. No sínodo de Lyon, em 1274, e no Concílio de Florença, em 1439, a Igreja assumiu oficialmente esta doutrina. Por fim o Concílio de Trento em 1547 definiu solenemente "que os sacramentos da nova Lei são sete, nem mais nem menos, a saber: o batismo, a confirmação, a eucaristia, a penitência, a extrema-unção, a ordem e o matrimônio" (Sessão VII, cânon I).

Esta é a constatação histórico-consciente, vale dizer, baseada nos fatos conscientes. Esta explicação é legítima. Mas não suficiente. Não fornece o sentido e o porquê dos sete sacramentos. É um raciocínio positivístico: é assim porque a Igreja o determinou e Jesus Cristo o quis!

Compreender não consiste em elencar dados. Mas em ver o nexo entre eles e em detectar a estrutura invisível que os suporta. Esta não aparece. Recolhe-se num nível mais profundo. Revela-se através dos fatos. Descer até aí através dos dados e subir novamente para compreender os dados: eis o processo de todo verdadeiro conhecimento. Em ciência e também em teologia.

b) O nível estrutural-inconsciente

Tentando ver os sete sacramentos num nível mais profundo, estrutural-inconsciente, topamos com seu verdadeiro significado. A escolha de sete sacramentos, operada conscientemente no século XII, não foi arbitrária. Ela articulou o sentido profundo expresso nos ritos sacramentais e no caráter simbólico e arquetípico do número sete. Se repararmos bem os sete sacramentos traduzem ao nível ritual os eixos fundamentais da vida humana. A vida, especialmente em sua dimensão biológica, possui momentos-chave. São uma espécie de nós existenciais onde se cruzam as linhas decisivas do sentido transcendente do humano. Nestes nós existenciais, o homem sente que a vida não se sustenta por si mesma. Ele a tem, mas a tem recebida. Sente-se mergulhado na corrente vital que perpassa o mundo e a comunidade. Experimenta: eu nunca vivo, mas sempre con-vivo. Recebo a vida de um prato de arroz e feijão; de um pouco de água;

de um punhado de pessoas que me aceitaram no mundo, me suportam, me amam, apesar de minha pequenez, e me permitem crer que vale a pena continuar a viver. Nestes momentos-chave, experimenta-se a participação de uma força que nos transcende mas que se manifesta em nossa vida. Estes nós existenciais ganham um caráter eminentemente sacramental. Por isso os cercamos de símbolos e ritos. Mesmo na vida mais profanizada. Eles constituem, por excelência, os sacramentos da vida. Porque neles se condensa transparentemente a vida dos sacramentos: a presença do Transcendente, de Deus. Os ritos exteriores corporificam esta experiência profunda, quem sabe, até inconsciente. Onde se experimenta radicalmente a vida, aí se experimenta Deus.

2. Os sete sacramentos desdobram e sublimam os momentos-chave da vida

O nascimento se mostra como um momento forte da vida. A criança está aí. É pura gratuidade. Depende da boa vontade dos outros para ser aceita na família e sobreviver. O batismo desdobra esta dependência como dependência de Deus e a sublima como participação na vida de Cristo.

Outro momento-chave da vida é aquele quando a criança, agora crescida e livre, decide-se. Amadureceu. Entra na sociedade dos adultos. Ocupa seu lugar no mundo profissional. É uma virada importante de sua vida, onde se joga em parte seu destino. O homem sente, novamente, que depende de uma Força superior. Experimenta Deus. O sacramento da confirmação é o sacramento da madureza cristã. Explicita a dimensão de Deus presente neste eixo existencial.

Sem o alimento a vida não se mantém. Cada refeição permite ao homem fazer a gratificante experiência que seu ser está ligado a outros seres. Por isso o comer humano vem cercado de ritos. A eucaristia desdobra o sentido latente do comer como participação da própria vida divina.

Outro eixo existencial é constituído pelo matrimônio. O amor vive da mútua gratuidade. Os laços que unem são frágeis, porque dependem da liberdade. Faz-se a experiência que escapa ao homem, a da garantia da fidelidade. Depende de e invoca a Força superior, Deus. O sacramento explicita a presença de Deus no amor.

A doença pode ameaçar a vida humana. O homem sente seu limite. Novamente experimenta sua dependência. O sacramento da unção dos enfermos expressa o Poder salvífico de Deus.

Há uma experiência profunda que todo homem faz, experiência de ruptura culposa com os outros e com Deus. Sente-se dividido e perdido. Anseia pela redenção e pela reconciliação com todas as coisas. O sacramento da volta (penitência) articula a experiência do perdão e o encontro entre o filho pródigo e o Pai bondoso.

Viver um mundo reconciliado e não rompido, poder realizar a reconciliação universal e a paz: eis o secreto desejo que inspira a busca da felicidade. O sacramento da ordem unge pessoas para que vivam a reconciliação, e as consagra no serviço comunitário para a construção da reconciliação.

Quando no século XII os teólogos chegaram a determinar o número dos ritos fundamentais da fé, foram movidos pelo inconsciente coletivo da vida e da fé. A Igreja-sacramento estende sua ação sobre toda a vida. Mas de maneiras diferentes. Ela se faz presente em momentos-chave da existência, lá onde a vida experimenta suas raízes mais profundas. Aí ela explicita a presença de Deus que, bondosamente, nos acompanha. São os ritos essenciais da fé, pelos quais se realiza a própria essência da Igreja, como sinal da salvação no mundo. Uma vez realizada a essência da Igreja, a teologia pode detectá-la e determiná-la: sete são os sacramentos essenciais da fé. Nos principais nós existenciais da vida, concretizam-se os principais sacramentos da fé. A vida está grávida da graça.

3. Que significa o número sete?

O Concílio de Trento definiu: sete são os sacramentos, nem mais nem menos. Devemos bem compreender esta definição. O essencial não é o número sete, mas os ritos contidos nesta enumeração. O número exato dos ritos não é o essencial. Se alguém disser que são nove porque o diaconato e o episcopado constituem verdadeiros sacramentos, ou se afirmar que são seis porque batismo e confirmação formam um único sacramento de iniciação em graus diferentes, não terá negado a definição de Trento. Mas deverá afirmar que a confirmação é um sacramento e que estes ritos todos presencializam e comunicam a graça de Deus. O número sete deve ser entendido simbolicamente. Não como uma soma de 1 + 1 + 1 etc., até sete, mas como resultado de 3 + 4. A psicologia das profundezas, o estruturalismo, mas antes a Bíblia e a Tradição, nos ensinam que os números 3 e 4 somados formam o símbolo específico da totalidade de uma pluralidade ordenada.

O 4 é símbolo do cosmos (os quatro elementos: terra, água, fogo e ar), do movimento e da imanência. O 3 é símbolo do Absoluto (SS. Trindade), do espírito, do descanso e da transcendência. A soma de ambos, o número 7, significa a união do imanente com o transcendente, a síntese entre movimento e descanso e o encontro entre Deus e o homem, vale dizer, o Verbo encarnado de Deus, Jesus Cristo. Com o número 7 queremos exprimir o fato de que a totalidade da existência humana em sua dimensão material e espiritual é consagrada pela graça de Deus. A salvação não se restringe a sete canais de comunicação; a totalidade da salvação se comunica à totalidade da vida humana e se manifesta de forma significativamente palpável nos eixos fontais da existência. Nisso reside o sentido fundamental do número sete.

Todas as vezes que descemos à profundidade de nossa existência, seja assistindo à emergência de nova vida, seja vendo-a crescer, se conservar, se multiplicar, se consagrar, se recuperar das rupturas dissolutoras, não tocamos apenas o mistério da vida, mas penetramos naquela dimensão de absoluto Sentido que chamamos Deus e de sua manifestação no mundo que denominamos Graça. Na junção da vida com a Vida se realiza o sacramento. A Vida vivifica a vida. Por causa do sacramento.

Capítulo X
Em que sentido Jesus Cristo é autor dos sacramentos?

A nova face da Igreja está indiscutivelmente ligada à figura do bom Papa João. O Concílio Vaticano II, que estabeleceu os marcos teológicos orientadores da reforma da Igreja, foi fruto de seu empenho e sua atuação. Os historiadores futuros falarão, certamente, da era do Papa João XXIII. Apontá-lo-ão como o autor de um novo, grandioso e corajoso ensaio de encarnação da fé cristã no espírito da modernidade. É autor verdadeiro, no sentido rigoroso da palavra. Não de cada ação que se fez após ele. Mas do horizonte que possibilitou a nova orientação da Igreja. Assim é o autor do espírito ecumênico, do diálogo aberto entre a Igreja e o Mundo, do espírito de serviço, simples, jovial e despido de todo triunfalismo, da valorização religiosa de todas as coisas autênticas e verdadeiras que a civilização moderna produziu etc.

De forma semelhante o Papa Paulo VI é autor da famosa encíclica *Populorum Progressio*. Não que ele tivesse escrito de próprio punho este decisivo documento. Possivelmente nem teria o preparo técnico suficiente. O autor literário é conhecido, o Pe. Lebret e seu grupo. Entretanto dizemos, com justa razão, que o Papa Paulo é autor da Encíclica. Ela traz a sua assinatura e o signo de sua suprema autoridade. É autor porque é originador último de todo o processo que desembocou na encíclica social. É autor porque assumiu e conferiu autoridade oficial à mensagem contida no documento.

O Presidente Vargas foi o autor da Revolução de 30. Autor da nova era da história pátria caracterizada pela industrialização, pelo nacionalismo, pelo populismo, pela conquista dos direitos fundamentais do operariado, do salário mínimo, do sindicalismo, da previdência social etc. Vargas é autor, não enquanto fez e colocou todas as ações revolucionárias. Mas enquanto foi o criador daquela atmosfera e daquele caminho que levaram a profundas modificações da fisionomia política e social do Brasil.

1. "Os sacramentos foram instituídos por Jesus Cristo Nosso Senhor"

O Concílio de Trento definiu solenemente que os sacramentos cristãos foram instituídos por Jesus Cristo Nosso Senhor (DS 1601; cf. 1804, 2536). Esta afirmação é fundamentalmente certa. Entretanto, deve ser corretamente compreendida, no sentido de que Trento lhe conferiu. Épocas houve, na reflexão teológica, ainda vastamente refletida nos manuais, em que se tomou esta afirmação de Trento no sentido meramente sintático, sem procurar entender mais profundamente seu exato significado semântico e pragmático. Buscava-se então, nas páginas do NT, uma palavra de Cristo em favor da instituição de cada um dos sete sacramentos. Os textos sofriam violência. E as inteligências não ficavam mais esclarecidas, não obstante a acribia e as sutilezas da razão teológica.

A teologia moderna, ligando-se à mais antiga tradição dos Santos Padres, alargou o horizonte no qual devem ser pensados e compreendidos os sacramentos. Pretende ter encontrado as verdadeiras razões que lhe permitem reafirmar a autoria de Jesus Cristo com referência aos sacramentos. Vejamos isso rapidamente.

Os sacramentos não devem ser considerados em si mesmos, como átomos isolados. O sacramento individual, como, por exemplo, o batismo, é a densificação e a corporificação do "sacramento da vontade do Pai" (Ef 1,9), vale dizer, da economia da salvação, do plano salvífico de Deus, do único mistério-sacramento, como falavam os Santos Padres S. Leão Magno, S. Cipriano e Santo Agostinho. O plano salvífico de Deus, denominado de sacramento ou mistério, mediatiza-se em gestos, ritos ou ações que encarnam, visibilizam e comunicam a salvação. Estas ações, ritos ou gestos são denominados também de sacramentos. Enquanto o plano salvífico tem o Verbo eterno e pré-existente como autor, podemos dizer que todos os sacramentos, em sua última referência, vêm do Verbo eterno. As expressões sacramentais são históricas e culturais. O homem se exprime por elas. Mas a força salvífica que elas contêm provém do Verbo eterno. Neste sentido todos os sacramentos, como foi visto argutamente por Santo Agostinho, são sacramentos cristãos. Também aqueles feitos pelos pagãos nas religiões do mundo. Eles também historizam a graça salvadora de Deus e o plano de amor do Pai que o realiza por Jesus Cristo, em quem tudo existe e por quem tudo foi feito (Cl 1,15-20; Jo 1,3). O Verbo eterno estava sempre em ação ao longo de toda a história. Ela está grávida de Jesus Cristo.

Os sacramentos pagãos, em sua última realidade, não são pagãos. Pagão é um conceito sociológico e não teológico. Sociologicamente, pagão é aquele que não foi batizado. Por isso, estatisticamente, não é computado entre os cristãos. Teologicamente, não há pagão, porque não há ninguém que se subtraia ao influxo do Verbo eterno, pois Ele é a luz verdadeira que ilumina *todo* o homem que vem a este mundo (Jo 1,9). Os sacramentos cristãos articulados nas religiões do mundo apontavam verticalmente para o Verbo eterno. Eram sacramentos de Deus. Comer era participar sacramentalmente da divindade. Batizar-se significava mergulhar na vida divina. Generalizando, podemos dizer que os sacramentos que hoje possuímos na Igreja já pré-existiam à Igreja. O homem de todos os tempos se relacionava sacramentalmente com a Divindade (Verbo eterno). As formas eram diversas, a salvação comunicada era idêntica àquela que regurgita de forma plena e infalível nos sacramentos da Igreja.

2. Dos sacramentos de Deus para os sacramentos de Cristo

Quando os sacramentos de Deus (Verbo eterno), que apontam verticalmente para o alto, são relacionados e inseridos na história de Jesus Cristo, que se inscreve horizontalmente como qualquer outra história, então se tornam sacramentos especificamente cristãos. Os sacramentos possuem uma dimensão religioso-cultural, pré-existem à explicitação tipicamente cristã, foram elaborados historicamente. Antes da Igreja já havia batismo, pelo qual os homens manifestavam um renascer que a Divindade exige. Existia o matrimônio, pelo qual expressavam a presença do Amor divino no amor humano. Existiam, como já consideramos anteriormente, os eixos existenciais com sua densidade sacramental, reveladora do Mistério presente. Eram sacramentos divinos e latentemente cristãos.

A fé cristã, por causa de Jesus Cristo, descobriu sua relação com o Deus encarnado. Ligou-os ao mistério do Verbo feito homem. Enxertou-os na história que vem de Jesus Cristo. A dimensão vertical se cruzou com a dimensão horizontal. O sacramento cristão é esse encontro. Por um lado supõe e assume o sacramento divino que pré-existe nas religiões. Por outro descobre uma realidade presente nestes sacramentos divinos, mas escondida para as religiões e agora manifesta através da luz do mistério de Cristo: a presença do Verbo eterno agindo através dos sacramentos divinos. Não só. Insere estes sacramentos na história de Jesus Cristo de tal sorte que Cristo assume uma autoria específica. Batizar não significará mais participar da vida da Divindade, mas mergulhar na vida de Jesus Cristo. Comer o banquete sagrado não será mais comungar da Divindade, mas comer o Corpo do Senhor e participar de sua existência ressuscitada. Casar-se não significa mais simbolizar a união de Deus com os homens, mas figurar a união de Cristo com a humanidade fiel. Dos sacramentos divinos se passa aos sacramentos explicitamente cristãos.

3. O sentido em que Jesus Cristo é autor dos sacramentos

Do exposto fica claro em que sentido Cristo deve ser considerado autor dos sacramentos. *Primeiro*: enquanto Verbo eterno, era sempre Ele que se comunicava em amor e salvação nos ritos que expressavam a relação dos homens para com o Alto. *Segundo*: enquanto Verbo eterno encarnado, dentro de uma história concreta, manifestou que tudo está vinculado com seu Mistério. Por isso, tudo possui uma profundidade crística. *Terceiro*: pelo menos para três sacramentos – batismo, eucaristia e penitência – o próprio Cristo estabeleceu uma referência explícita a si mesmo. Estes três sacramentos pertencem aos eixos fundamentais da vida humana, pelos quais o homem se sente, de modo especial, referido ao Transcendente e a Jesus Cristo. Reparando-se bem, os três estão na raiz da própria vida: o batismo corporifica o nascer novo em Jesus Cristo; a eucaristia, a alimentação da vida nova em Jesus Cristo; a penitência, o renascimento da vida que foi ameaçada de morte fatal. Inseridos em Jesus Cristo, os sacramentos comunicam a vida de Jesus Cristo. Não é outro o sentido dado pelo Concílio de Trento quando se referiu à instituição dos sacramentos pelo Senhor. Não intencionou proferir um juízo histórico e substituir o esforço dos exegetas. Mas, como se esclarece lidimamente dos protocolos e das atas do Concílio, entendeu o termo instituir no seguinte sentido: é Jesus Cristo que confere eficácia ao rito celebrado. Não quis definir a instituição do rito, mas a força salvífica do rito, que não provém da fé do fiel ou da comunidade, mas de Jesus Cristo presente.

Querendo a Igreja, sacramento universal de salvação, Cristo quis também os sacramentos que detalham para a concretez da vida o sacramento universal. Neste sentido, não quis apenas os sete sacramentos, mas quis a própria estrutura sacramental da Igreja; isto significa: quis a visibilização da graça em termos de ritos, gestos, ações de serviço, de testemunho, de santificação entre os homens. Neste *quarto* sentido podemos falar de Cristo como autor dos sacramentos enquanto é autor do Sacramento Universal da Igreja. Os exemplos aduzidos acima do Papa João, de Paulo VI e de Vargas talvez nos iluminem o horizonte dentro do qual também devamos compreender a autoria de Jesus Cristo concernente aos sacramentos.

Tudo é de Cristo. Não só introduziu coisa nova que é Ele mesmo e sua Ressurreição. Veio revelar a santidade de todas as coisas. Tudo está repleto dele, ontem, hoje e sempre. Poder ver Sua atuação e eficácia em todas as articulações da história dos homens, especialmente lá onde o homem mais se revela a si mesmo como homem, isso constitui o especificamente cristão. Saber relacionar os sacramentos "naturais" com o mistério de Cristo, nisto está a especificidade do sacramentalismo cristão. Tudo o que é verdadeiro, santo e bom já é cristão. Mesmo quando não se usa o nome cristão. Nada é rejeitado. Tudo é assumido. Tudo é lido à luz da história do mistério de Cristo. Eis a trans-figuração: tudo se torna, em sua diferença própria, sacramento cristão: vem de Cristo e conduz a Cristo.

Capítulo XI
O sacramento da palavra dada

A palavra não é primeiramente um meio para comunicar ao outro isto ou aquilo. Antes de comunicar mensagens, a palavra já comunicou a própria pessoa que fala. A palavra define a pessoa. A palavra é a própria pessoa, porque a pessoa é, essencialmente, comunicação. Mas há pessoas, poucas, que conscientizam essa profunda realidade. Para estas a palavra se afigura como algo e absolutamente sagrado. A palavra merece respeito, porque toda pessoa merece respeito. Para a grande maioria, entretanto, a palavra não passa de instrumento para comunicar mensagens. Mensagens interesseiras. Mensagens que por vezes poluem os canais da comunicação e do encontro entre os homens. Há palavras que são proferidas para esconder os pensamentos, ao invés de comunicá-los.

O Dr. Gomes é um empresário bem-sucedido. Os negócios o relacionaram com homens das mais diversas situações e dos mais diferentes interesses. Em todo seu modo de ser vigora profunda serenidade. Fruto de um diálogo constante com sua interioridade. Parece um desses místicos chineses, montado sorridente sobre um leão bravio, vale dizer, é um homem maduro que se assenhoreou de suas paixões violentas e as fez forças construtivas do projeto humano integrado. Sua palavra pode ser meiga e doce como as lágrimas de ternura. Mas pode ser dura e cortante como uma espada. Tanto a doçura quanto a dureza se harmonizam no controle perfeito de quem é sempre senhor de uma situação. Mas o que é mais admirável no Dr. Gomes é o valor e o peso que coloca nas palavras. A palavra escrita é cristalina. Nela não há alguma ambiguidade. Escreve enumerando primeiro, segundo, terceiro... No meio da clareza matemática, aponta, aqui e acolá, a palavra que não comunica mensagens, propostas, dados, contratos, mas a pessoa mesma: "A vida é dura. Não poupa ninguém. Os verdadeiros valores, nascidos da benevolente gratuidade de Deus e do empenho humilde e paciente do homem devem poder chegar à luz. Estamos aqui para servir". Há sempre uma luz benfazeja que logra atravessar o espesso da floresta e animar a plantinha que busca insaciável o alto. Entretanto, para o Dr. Gomes, mais importante que a palavra escrita é a palavra falada. Palavra dada, história contada. Custa-lhe dizer a palavra decisiva e essencial. Consulta. Analisa. Toma-se tempo. Estuda pessoas e situações. Uma vez dada a palavra, tudo foi jogado. Poderá perder dinheiro; poderá ser incompreendido; poderá arrolar contratos e documentos a seu favor: a palavra dada é sagrada. É um sacramento. Definiu a pessoa. Não pode mais ser borrada do espaço. Aquilo que para alguns constitui argumento em favor da inocuidade da palavra proferida – *vana verba* – porque se perde pelo espaço sem jamais retornar, para o Dr. Gomes constitui exatamente o argumento em favor de sua sacralidade. Proferida, ela sai, circula pelo mundo, jamais se perde porque atinge o Eterno e fixa a pessoa no Definitivo. A palavra escrita pode ser apagada. Rasurada. A palavra falada, não. É inviolável. Ninguém mais a controla. É transcendente. Proferida em sua densidade pessoal máxima, mantida como se mantém a vida e a honra, é por excelência o sacramento revelador e comunicador de cada pessoa. O Dr. Gomes é aquilo que sua palavra é: maduro, reto, veraz, criador da verdadeira comunicação. A palavra é aquilo que o Dr. Gomes é: eficaz, densa, pesada, decisiva e geradora de atos que modificam a vida.

1. Os sacramentos agem *ex opere operato*: Como se entende?

Das reflexões que fizemos até agora deverá ter ficado claro: o sacramento visibiliza, comunica e realiza aquilo que ele significa. A caneca torna presente a água que saciava as sedes de toda a família. Não só torna presente. Realiza ainda hoje, por causa de sua virtude sacramental, o mesmo efeito em todos aqueles em cujas histórias ela entrou. O pão feito pela mãe comunica e realiza aquilo que ele significa para toda a família: não mata apenas a fome; sacia outra fome, mais fundamental, de comunhão fraterna e de unidade. A água do batismo não traduz apenas a purificação e a vida que se alimenta da água: fala da nova vida e da purificação que o mistério de Cristo trouxe aos homens. O pão eucarístico não visibiliza apenas a comida quotidiana da mesa dos homens. Faz presente, comunica e realiza no meio da comunidade de fé o Pão do céu que é Jesus Cristo. E isso sucede pela presença mesma do pão que evoca, para o homem de fé, a comida celestial, e evocando-a a presencializada.

A tradição da fé sempre defendeu que a graça divina está infalivelmente presente na realização do sacramento desde que ele seja realizado na fé e na intenção de comunhão com a comunidade universal dos fiéis. A presença da graça divina no sacramento não depende da santidade, seja daquele que administra o sacramento, seja daquele que o recebe. A *causa* da graça não é o homem e seus méritos. Mas unicamente Deus e Jesus Cristo. Daí dizer-se: o sacramento age *ex opere operato,* quer dizer, uma vez realizado o rito sacramental, colocados os sagrados símbolos, Jesus Cristo age e se torna presente. Não em virtude dos ritos por eles mesmos. Eles não têm algum poder em si mesmos. Apenas simbolizam. Mas em virtude da promessa de Deus mesmo. Caso contrário, estaríamos em plena magia. Segundo esta, os gestos sagrados possuem uma força secreta neles mesmos que atua favorável ou desfavoravelmente sobre os homens. O sacramento é profundamente diferente da magia. No sacramento se crê que Deus assume os sacramentos humanos, como o pão e a água, para através deles produzir um efeito que supera as forças deles mesmos. O pão mata a fome e simboliza o aconchego familiar; na eucaristia, Deus assume este simbolismo pré-existente, eleva-o à dimensão divina e faz com que o pão sacie a fome salvífica do homem e realize a comunidade nova dos redimidos. O *ex opere operato* (traduzido literalmente: em virtude do próprio rito realizado) é uma expressão ambígua, mas que foi entendida pela Igreja sempre sem ambiguidade mágica. Negativamente quer dizer: a graça sacramental não é causada em virtude de alguma ação ou de algum poder seja do administrante seja do beneficiado. É causada por Deus mesmo. É Cristo quem batiza, quem perdoa e quem consagra. O ministro empresta-lhe os lábios indignos, empresta-lhe o braço que pode perpetrar obras más e empresta-lhe o corpo que pode ser instrumento de maldade. A graça acontece no mundo sempre vitoriosa, independentemente da situação dos homens. Positivamente significa: uma vez realizado o sagrado rito, temos a garantia de que Deus e Jesus Cristo estão aí presentes.

2. Cristo é a Palavra de garantia que Deus deu aos homens

Esta fé no poder dos sacramentos, eixos fundamentais da vida, radica num dado cristológico e eclesiológico. Jesus Cristo morto e ressuscitado é o Sim e o Amém que Deus proferiu às promessas feitas aos homens (cf. 2Cor 1,19). Nele e por Ele Deus nos aceitou e perdoou. Jesus é a Palavra de garantia de salvação que Deus proferiu para cada um. Antes de Cristo o homem vivia da esperança acerca do fim bom de sua vida e da sua morte. Pela ressurreição viu de fato que Deus nos aceitou definitivamente. O medo foi exorcizado. As ameaças banidas. Nele a vitória do amor e o triunfo da graça se impuseram para sempre. Como já consideramos: porque Jesus Cristo é tudo isso, pôde ser considerado e chamado de Sacramento Originário e Fontal de Deus e de Sua salvação. A Igreja, sacramento de Cristo, prolonga sua sacramentalidade pela história em fora. Nela se conserva o mistério cristão em toda sua explicação. Os sacramentos são gestos da Igreja atingindo o homem em seus eixos vitais decisivos. Eles concretizam e detalham o sacramento universal da Igreja. Realizam a essência da Igreja na concretez das situações de nascimento, de maturação, de alimentação, de perdão, de amor, de morte etc. Eles são gestos principalmente de Cristo através de seu corpo que é a Igreja, gestos de garantia permanente, definitiva, sensível e reconhecível da graça para o homem concreto. Independentemente do mérito ou demérito do homem. Deus nos disse seu Sim categórico. O *ex opere operato* não quer outra coisa senão revelar com toda ênfase esta verdade. Deus nos amou primeiro, ainda quando éramos seus inimigos. Amor gratuito e total em Jesus Cristo, na Igreja e nos sete sacramentos.

Semelhantemente com o Dr. Gomes: ao dar sua palavra, empenha nela toda sua honra, porque a palavra dada vale mais do que todos os contratos, por mais completos que sejam juridicamente. Deus proferiu em Jesus Cristo a Palavra que O empenhou totalmente: os sacramentos querem concretizar o que isso significa para as várias situações da vida humana. Os ritos com os quais cercamos os nós vitais e existenciais não são meros instrumentos da graça. São já a própria graça visível; significam a erupção e a explosão do ato salvador de Deus dentro da história. Ao celebrá-los saboreamos já, de forma antecipatória, o definitivo triunfo de Deus sobre toda a maldade humana. Por causa do sacramento.

Capítulo XII
O sacramento da resposta dada e do encontro celebrado

As famílias dos Savoldi e dos Rothaus eram famosas na pequena cidade. Gente de caracteres fortes e violentos. Trabalhadores e honestos. Mas há anos grassava discórdia entre eles. Dois de cada família já tinham sido assassinados. Parentes próximos foram atingidos. Parecia até a história das famílias de Romeu e Julieta. Tudo se originara pela diluição de um casamento celebrado entre as duas famílias. Trocaram-se acusações. Acrescentaram-se diz-que-diz-que maldosos. A atmosfera de ódio cresceu até o crime. O pároco conseguiu que a família dos Savoldi se dispusesse à reconciliação. Tudo foi facilitado pela filha freira e pelo filho seminarista. Chegou-se a um verdadeiro espírito de perdão. Várias tentativas foram feitas junto aos Rothaus. Em vão. Às pazes, retrucavam com renovadas ameaças. A reconciliação não acontecia nem se esboçava, apesar de toda a boa vontade dos Savoldi. Se, quando dois não querem, não há briga, da mesma forma, se um não quer, não poderá haver reconciliação. Não adianta o sol, se a planta estiver mirada. De nada vale a água, se o chão for de pedras. Pouco vale falar, se o outro não quiser ouvir. Mas se a planta for vigorosa, o sol generoso a fará ainda mais verde. Se o chão for terra fértil, a água fará brotar as sementes. Se alguém acolher a mensagem do outro, haverá possibilidade para o encontro, podendo brotar do encontro a amizade, da amizade o amor, do amor tudo o que há de grande na terra. A reparar-se bem, nenhum ser vive solitário. Nem as pedras. Ou estão mergulhadas no ventre da terra. Ou são batidas pelos ventos uivantes. Ou as águas do mar as embatem. Tudo vive num encontro. No encontro do céu e da terra, do masculino e do feminino, do Homem e de Deus floresce e cresce a realidade inteira da criação. Não poderia ser diferente no sacramento. Certa feita, vieram à cidade os missionários capuchinhos. Houve pregações rigorosas por mais de 15 dias. Foram notificados da rixa dos Savoldi com os Rothaus. Um missionário trabalhou persuasivamente ambas as famílias. E aconteceu o sacramento da reconciliação. Os braços se abriram. Houve uma grande confraternização familiar. O vinho alegrou o coração de todos e facilitou enterrar velhas mágoas. Notícias da cidade ainda hoje me fazem saber da harmonia e da paz que sorri entre os Savoldi e os Rothaus.

1. O sacramento é pro-posta de Deus e também res-posta humana

A teologia do *ex opere operato* quer afirmar a pro-posta sempre presente de Deus. Ela não se deixa vencer pela recusa humana. Ela continua permanentemente como oferecimento definitivo aos homens. Mas o sacramento não é constituído apenas pela iniciativa de Deus. É também res-posta do homem à pro-posta divina. Somente na acolhida humilde do fiel o sacramento se realiza plenamente e frutifica na terra humana empapada da graça divina. O sacramento emerge, fundamentalmente, como encontro do Deus que des-cende ao homem e do homem que as-cende para Deus. Sem esse cruzar-se, o sacramento permanece obra imperfeita. Daí não basta relevar o *ex opere operato*. Urge ressaltar a necessidade da abertura humana, o *non ponentibus obicem* do Concílio de Trento. Este Concílio reafirmou fortemente ambos os aspectos: a certeza indestrutível da simpatia divina que jamais se nega, apesar da recusa humana, e a urgência da conversão e da remoção de todos os obstáculos para que o encontro divino-humano aconteça e se realize plenamente o sacramento. A graça do sacramento, ensinavam os Padres Conciliares, é conferida àquele que não lhe opõe óbice ou empecilhos (DS 1606). Caso contrário, a graça é visibilizada, faz-se o gesto indicador da presença do Senhor em nosso meio, mas Ele não é acolhido, encontra portas fechadas e se repete o drama do Natal: veio para o que era seu, e os seus não o receberam... porque não havia para Ele lugar na estalagem... (Jo 1,11; Lc 2,7).

2. O encontro sacramental acontece... mas é preparado longamente

Como transparece: o sacramento não é apenas o rito. Para sua plena realização supõe toda uma vida que se abre como a flor à luz ou como o girassol que vai acompanhando o percurso do Sol. Pertence essencialmente ao sacramento o processo de conversão e de busca de Deus. Não devemos representar o sacramento estaticamente e confinado temporalmente ao momento da realização do rito. A cerimônia é a culminância da montanha da vida. Até ela existe a subida, depois dela a descida. Todo esse processo pertence ao sacramento. O homem vai descobrindo Deus e Sua graça nos gestos significativos da vida. Vai se abrindo. Vai acolhendo Seu advento. Vai festejando Sua epifania. Até que na cerimônia oficial da comunidade de fé celebra e saboreia a diafania divina através das fímbrias frágeis dos elementos materiais e das palavras sagradas. Após a cerimônia sacramental o fiel vive da força haurida e prolonga o sacramento para dentro da vida. A graça o acompanha sob outros sinais, levando-o de busca em busca e de encontro em encontro para um derradeiro e definitivo abraço.

Sem a conversão a celebração do sacramento é ofensa a Deus. Significa jogar pérolas aos porcos querer colocar os gestos da máxima visibilidade de Cristo no mundo sem a adequada purificação interior. Para o encontro deve-se estar com o coração na mão. Para o amor, puro. Para a festa, reconciliado. Sem o preparo, o encontro é formalismo. O amor, paixão. A festa, orgia.

3. Sacramento e processo de libertação

Se alguém comunga, deve ser elemento de comunhão no grupo em que vive. Se alguém celebra o sacrifício de Cristo e sua morte violenta, deve estar disposto ao mesmo sacrifício e viver de tal maneira sua fé cristã que inclua, como normal, ser perseguido, preso e morto violentamente. Se alguém batiza e se deixa batizar deve ser, na comunidade, testemunho de fé. Se alguém busca a reconciliação e encontra o perdão pelo sacramento da volta, deverá ser sinal de reconciliação no meio dos conflitos da sociedade. Como poderá, na sinceridade de seu coração, buscar e encontrar reconciliação privadamente, no sacramento, se lá fora na vida, no seu trabalho, na sua empresa continuar a explorar o irmão, a pagar salários indignos e a tratar os homens como se fossem objetos negociáveis? A reconciliação sacramental que não levar a uma exigência de mudança de vida é inócua. Ofende mais a Deus que o glorifica. Não é sem razão que Paulo podia advertir: sacramento sem conversão é maldição. Sem preparação é condenação (cf. 1Cor 11,27-29).

Entretanto, se ele for preparado ao largo dos dias, sua celebração significa a expressão forte da vida iluminada pela fé e comunicará a Vida que vivificará a fé e a vida.

O sacramento, portanto, exige engajamento. Aliás, a palavra *sacramentum* significava para os primeiros cristãos de fala latina exatamente engajamento e compromisso sagrado. Engajamento de mudança de práxis. Conversão que não era apenas a apropriação de novas convicções sobre Deus, sobre o destino do homem e sobre a esperança de sua libertação através de Jesus Cristo. Conversão era antes de tudo engajamento mediante novas atitudes que indispunham os cristãos contra o *status* social do tempo: fazia-os subversivos dos valores religiosos pagãos, da adoração divina dos imperadores, da ética familiar vigente. Na Igreja primitiva só recebia o sacramento do batismo (o rito) quem se comprometia ao engajamento (*sacramentum*) para o martírio. Pela palavra *sa*cramentum se exprimia esta atitude comprometida. Depois a palavra *sacramentum* começou a ser empregada para o rito que expressava esta atitude comprometida, como o rito do batismo, do matrimônio, da eucaristia. Desta forma se percebe claramente que o sacramento significa a culminância de todo um processo de conversão, de compromisso e de engajamento pela causa renovadora e libertadora de Cristo. O rito sem o compromisso que ele supõe, encarna e expressa, é magia e mentira diante dos homens e de Deus.

Capítulo XIII
O dia-bólico e o sim-bólico no universo sacramental

Um homem se levantou na Galileia e anunciou que este mundo tem um sentido eterno. Que a vida está destinada para a Vida e não para a morte. Que a felicidade que esperam de Deus é dos que choram, são perseguidos, caluniados e torturados. Que esse mundo tem um fim bom e já está garantido por Deus. Na Galileia proclamou ele uma grande alegria e boa notícia para todo o povo. Era o Filho de Deus encarnado, Jesus Cristo, Nosso Libertador. Fez só o bem. Curou. Perdoou pecados. Gerou esperança. Ressuscitou mortos. Amou todo mundo. Apesar disso foi motivo de escândalo. Como dizia o experimentado e santo velho Simeão: este menino será motivo de escândalo, de perdição e salvação para muitos em Israel (cf. Lc 2,34). Com efeito. Alguns o consideram beberrão e comilão (Mt 11,19), frequentador de círculos suspeitos (Mc 2,16), subversivo (Lc 23,2), herege (Jo 8,48), louco (Mc 3,20), possesso (Mc 3,22), blasfemo (Mc 2,7). Outros, entretanto, o têm como mestre, justo, santo, o Libertador, o Enviado de Deus, o Salvador do mundo, o próprio Deus presente. Como se dizia na Igreja Primitiva: para alguns ele é pedra de tropeço que é tirada do caminho e jogada para longe; para outros é pedra angular, sobre a qual se constrói um edifício sólido (cf. 1Pdr 2,6; Rm 9,33; Lc 20,17; 1Cor 3,11).

Na atuação de Jesus nota-se um elemento sim-bólico que, como a palavra sim-bólico bem insinua, congrega, unifica e aponta para Deus. Os que tinham um coração reto, buscavam com sinceridade a salvação e aguardavam o Libertador definitivo da condição humana decadente compreenderam e acolheram Jesus. Descobriram quem Ele era e o testemunharam: "Tu és o Messias, o Filho de Deus vivo!" (Mt 16,17). Apesar da aparência exígua. Da origem humilde. Da fraqueza de Jesus. Com esses exultou ele, exclamando: "Felizes os que não se escandalizam de mim" (Lc 7,23; Mt 11,6).

Os que estavam agarrados às suas verdades e tradições; os vinculados aos interesses sociais e religiosos feitos; os instalados e satisfeitos com suas vidas; os que não esperavam nada porque tudo tinham; os que aguardavam apenas que o Messias viesse e confirmasse seus privilégios, tradições, dogmas e convicções, todos esses viram em Jesus um elemento dia-bólico. Como a palavra dia-bólico sugere, achavam que Jesus separava, dividia, punha em perigo a religião e o Estado. E tinham razão. Jesus questionava. Exigia conversão. Não legitimava o *status quo* social ou religioso. Postulava um novo modo de relacionamento dos homens entre si e de todos com Deus. Tais exigências foram sentidas pelos detentores do poder sagrado, jurídico e social. Aceitar Jesus implica mudar de práxis. É um risco grande. Outrora como hoje é mais fácil isolar e liquidar o reformador do que empreender uma reforma. Por isso Cristo foi difamado, perseguido, preso, torturado e crucificado.

Ele era o Sacramento de Deus no mundo. Sacramento de luz. A luz mostra os escuros da casa. Põe tudo a descoberto. Ou o homem acolhe a luz e se transforma num filho da luz, ou irá difamá-la. Tentará apagá-la. Ela prejudica. Faz mal aos olhos. A luz não tem culpa de brilhar e de apontar os escuros e de pôr a descoberto o que se pretendia esconder. Como todo sinal, a luz pode ser compreendida ou incompreendida. Pertence à essência do sinal ser sím-bolo para quem o entender ou ser diá-bolo para quem não o entender. É o risco imanente a todo sinal. Jesus Cristo, o maior, o último e definitivo Sinal de Deus, não escapou disso.

1. O momento sim-bólico no sacramento

O sacramento possui um momento sim-bólico de unir, recordar e trazer presente. *Em primeiro lugar,* o sacramento supõe a fé. Sem a fé o sacramento não fala nada e de nada. É como na caneca sacramental. Só para aquele que teve uma profunda vivência e con-vivência com ela, é significativa e simboliza algo mais do que uma simples caneca de alumínio. Só para quem tem fé, os ritos sagrados, os momentos fortes da vida se tornam os veículos misteriosos da presença da graça divina. Caso contrário, tranformam-se em meras cerimônias vazias e mecânicas, no fundo ridículas.

Em segundo lugar, o sacramento expressa a fé. Fé não reside, fundamentalmente, numa adesão a um credo de verdades teóricas sobre Deus, o homem, o mundo e a salvação. Fé é antes de tudo uma atitude fundamental, não reduzível a outra atitude mais fundamental, pela qual o homem se abre e acolhe um Transcendente que se anuncia dentro do mundo, como o Sentido derradeiro do mundo. As religiões chamaram de Deus ou Mistério a esse Transcendente detectado dentro do mundo. O sacramento constitui a forma mais lídima de expressão dialogal com Deus. Esta expressão se articula em dois movimentos: por um lado é o homem que pelo e no sacramento se expressa a Deus, venera-o, glorifica-o e suplica-lhe vida e perdão; por outro é Deus que pelo e no sacramento se expressa ao homem dando-lhe carinho, vida e perdão. Se o sacramento não é expressão de fé, degenera em magia ou em ritualismo. Esvai-se sua dimensão sim-bólica.

Em terceiro lugar, o sacramento não só supõe e expressa a fé, alimenta-a também. Ao expressar-se, o homem se modifica a si mesmo e ao mundo. Ao externar-se e objetivar-se, ele elabora aqueles gestos e aquelas palavras que formam o alimento para a sua fé e para a sua religião. A religião é o conjunto das expressões históricas da fé dentro das possibilidades de uma determinada cultura. A religião constitui um complexo simbólico que exprime e alimenta permanentemente a fé. O sacramento é dela o coração. A graça o seu pulsar.

Em quarto lugar, o sacramento concretiza a Igreja universal para uma determinada situação crucial da vida, como o nascimento, o casamento, o comer e beber, a doença etc. Por isso, não tem muito sentido alguém querer receber algum sacramento da Igreja, se não tem ligação alguma e adesão efetiva com esta Igreja. A vivência do sacramento particular, concretizador do sacramento universal da Igreja, exige uma adequada vivência deste sacramento universal da Igreja. Só assim o sacramento deixa de ser magia e assume a sua verdadeira função sim-bólica.

Finalmente o sacramento apresenta e encarna uma tríplice dimensão sim-bólica. Ele é *re-memorativo:* recorda o passado, onde irrompeu a experiência da graça e a salvação; mantém viva a memória da causa de toda libertação, Jesus Cristo e a história de seu mistério. Ele é *co-memorativo:* celebra uma presença no aqui e agora da fé: a graça se visibilizando no rito e se comunicando na vida humana. Ele é, por fim, *antecipativo:* antecipa o futuro para dentro do presente, a vida eterna, a comunhão com Deus e o convívio com todos os justos.

Como se nos depara, o sacramento da fé exige uma permanente conversão. Con-versão é um voltar-se constante para Deus e Jesus Cristo. Não um voltar-se apenas intelectual, mas praxístico. Con-verter-se é buscar a presença de Deus e de Sua graça em todas as coisas e em cada situação da vida. É viver de acordo com esta presença exigente de Deus. Quem assim busca com fidelidade sempre encontra a Estrela em seu caminho. O lugar do encontro começa por ficar sagrado. O gesto se faz sacramental. Celebra-se com palavras e cerimônias o encontro com o Divino. Os sinais que fazemos são expressivos deste encontro. São os sacramentos da vida que festejam a vida dos sacramentos.

2. O momento dia-bólico no sacramento

O sacramento pode apresentar também uma função dia-bólica, de separar, escandalizar e levar a desvios. O sacramento pode ser deturpado em *sacramentalismo*. Celebra-se o sacramento mas sem a conversão. Colocam-se sinais figurativos da presença do Senhor, mas sem a preparação do coração. Os sacramentos são usados para exprimir a adesão a uma fé. Entretanto esta fé é sem consequências práticas. É pura ideologia. Não modifica a práxis da vida. O cristianismo da pequena burguesia e da classe média abastada apresenta-se, não raro, como puramente sacramentalista. É uma fé de uma hora por semana, por ocasião da missa dominical ou de alguns momentos importantes da vida, como, por exemplo, de um batizado, de algum casamento, ou de um sepultamento. Fazem-se ritos, mas não se vive uma fé viva. Na vida concreta vivem-se valores opostos à fé; prossegue a exploração do homem pelo homem; campeia ganância de acumular mais e mais.

No universo sacramental verificou-se uma *infiltração do espírito capitalista*. Há pessoas que aproveitam toda e qualquer ocasião para receber o sacramento, porque querem acumular graças sobre graças. A preocupação não é um encontro pessoal com o Senhor. Mas o acumular em termos coisísticos, como se a graça divina fora uma coisa que pudesse ser acumulada e colecionada. O consumismo sacramental, sem a reta compreensão da estrutura dialogal do sacramento que supõe sempre a conversão e a fé, invadiu desastrosamente a mentalidade do catolicismo popular.

Vigora ainda um outro momento dia-bólico no sacramento: *o espírito mágico*. O rito não é entendido e vivido como a expressão cultural da fé, expressão que Cristo assume para Ele se fazer presente e comunicar por ela seu amor e sua graça (*ex opere operato*). Mas o sacramento – pensa-se erroneamente – age por si mesmo em virtude de uma força misteriosa inerente aos próprios elementos sacramentais. Não é mais o Cristo quem causa, mas a cerimônia nela mesma. É uma interpretação e vivência mágica do sacramento. O respeito e o temor diante do rito sagrado não articulam o temor e o respeito à presença do Senhor, mas exprimem o medo de não executar corretamente os sinais e assim atrair a maldição em vez da bênção. A repetição do sacramento, como, por exemplo, do batismo, é feita em função da crença mágica: o batismo cura a doença da criança. E ela será tantas vezes batizada quanto se fizer necessário para debelar o perigo.

Os sinais concretizadores da vitória definitiva da graça no mundo foram entregues aos homens. Apesar do pecado e da indignidade humana, eles não deixam de visibilizar o Sim indefectível que Deus disse em Jesus Cristo a todos os homens. O indivíduo pode frustrar a eficácia do sacramento. Mas, em sua globalidade, eles garantem para o aqui e o agora da história o triunfo da graça sobre o pecado. Porque foram entregues aos homens, os sacramentos podem ser mal usados, abusados e transformar-se em signos de condenação.

Como Jesus Cristo, eles inevitavelmente participam da ambiguidade de todo sinal. Devem ser sim-bólicos da salvação e da graça. Mas podem ser dia-bólicos da perversão e da condenação. Porque são sacramentos.

Capítulo XIV
Conclusão: A sacramentologia em proposições sintéticas

Se quiséssemos resumir em algumas proposições a estrutura do universo sacramental, resultaria no seguinte:

1. O sacramento é antes de tudo um modo de pensar. O pensar sacramental pensa a realidade não como coisa, mas como símbolo. O símbolo surge do encontro do homem com o mundo. No encontro tanto o homem como o mundo se modificam. Tornam-se significativos.

2. O pensar sacramental como um modo próprio de pensar é universal, vale dizer, tudo pode se transformar num sacramento, não apenas algumas coisas.

3. A estrutura da vida humana, enquanto humana, é sacramental. Quanto mais o homem se relaciona com as coisas do mundo e com outros homens, tanto mais se abre para ele o leque da significação, do simbólico e sacramental.

4. Toda religião, cristã ou pagã, possui também uma estrutura sacramental. A religião nasce do encontro do homem com a Divindade. Este encontro é mediatizado e celebrado no mundo, numa pedra, numa montanha, numa pessoa etc. O meio do encontro se torna sacramental. Estes objetos, pessoas ou fatos históricos se tornam sacramentos para todas aquelas pessoas que fizeram uma experiência de

Deus em contato com eles. A fé não cria o sacramento. Ela cria no homem a ótica pela qual ele pode ver a presença de Deus nas coisas ou na história. Deus está sempre presente nelas. Nem sempre o homem se dá conta disso. A fé lhe permite vislumbrar Deus no mundo. Então o mundo com suas coisas e fatos se transfigura: ele é mais do que mundo; é sacramento de Deus. Só podem entender os sacramentos cristãos aquelas pessoas que professam a fé cristã. Para as demais pessoas, o sacramento cristão não deixa de ser sacramento; mas não é captado como tal. Para os não iniciados, o pão aparece somente como pão; a água como simples água. Para o cristão, o pão é mais do que pão, é o corpo de Cristo; a água é mais do que os olhos veem, é visibilização da purificação interior. Bem ensinou o Vaticano II: "Os sacramentos não só supõem a fé, mas por palavras e coisas também a alimentam, a fortalecem e a exprimem. Por isso são chamados de sacramentos da fé" (*Sacrosanctum Concilium*, n. 59).

5. Para a tradição judeu-cristã a história é o lugar principal do encontro com Deus. Ela é história da salvação ou da perdição. A história da salvação que vai de Adão até o último eleito é considerada Sacramento ou também Mistério.

6. As fases da história são chamadas também Sacramento: os primórdios, Israel, o tempo dos profetas, o tempo de Cristo, o tempo da Igreja e a eternidade na glória.

7. Jesus Cristo, ponto culminante da história da salvação, é chamado por excelência de Sacramento Primordial de Deus.

8. As fases da história de Cristo também são consideradas Sacramento: nascimento, infância, vida pública, paixão e ressurreição.

9. A Igreja é chamada, em prolongação de Cristo, de Sacramento Universal de Salvação.

10. As fases do mistério da Igreja são denominadas também de Sacramento: Igreja das origens, Igreja de Israel, Igreja de Cristo, Igreja da glória.

11. Se a Igreja toda é Sacramento, então tudo o que há na Igreja e tudo o que ela faz possui uma estrutura sacramental. A liturgia é sacramento; o serviço da caridade é sacramento; o anúncio profético é sacramento; a vida concreta dos cristãos é sacramento.

12. Dentro do complexo sacramental da Igreja ressaltam os sete sacramentos. Eles simbolizam a totalidade da vida humana, assentada em sete eixos fundamentais. Nestes nós vitais, o homem se sente referido a uma Força que o transcende e o sustenta. Vê Deus aí e ritualiza especialmente estes momentos fortes da existência.

13. Jesus Cristo é autor dos sacramentos, enquanto Ele é a eficácia de todos os sacramentos cristãos e pagãos. Num sentido mais estrito, querendo a Igreja, Ele quis os sacramentos que concretizam e detalham a Igreja para as várias situações da vida.

14. A expressão *ex opere operato* quer dizer: a presença infalível da graça no mundo não depende das disposições subjetivas, seja daquele que administra seja daquele que recebe o sacramento. Ela está presente no rito sagrado e patenteia o fato da fé de que em Jesus Cristo Deus disse um Sim definitivo aos homens. Este Sim de Deus não é posto em perigo pela indignidade humana. Ele é definitivamente vitorioso.

15. A presença infalível da graça no rito eclesial só se torna eficaz se o homem estiver com o coração aberto e preparado. O sacramento completo só se realiza no encontro de Deus que vai ao homem e do homem que vai a Deus. O *ex opere operato* deve ser pensado junto com o *non ponentibus obicem*. Só então sorri a graça de Deus na vida do homem.

16. Na Igreja latina primitiva a palavra *sacramentum* significava originalmente esta conversão do homem para Deus; significava exatamente o compromisso sagrado de viver coerentemente com as exigências da fé cristã até o martírio. Depois, a palavra *sacramentum* era usada para o rito que expressava o compromisso cristão com a mensagem libertadora de Jesus Cristo, como o batismo, a eucaristia, o matrimônio etc.

17. Todo sinal pode se transformar num contrassinal. Em todo sacramento há, inevitavelmente, um momento sim-bólico que une e evoca Deus e Jesus Cristo e pode haver também um momento dia-bólico que afasta e separa de Deus e de Jesus Cristo. Sacramentalismo, consumismo sacramental e magicismo são depravações do sacramento. Traduzem a dimensão dia-bólica.

18. O sacramento só é sacramento no horizonte da fé. A fé que significa encontro vital e acolhida de Deus na vida exprime seu encontro com Deus através de objetos, gestos, palavras, pessoas etc. As expressões são os sacramentos. Estes supõem a fé, exprimem a fé e alimentam a fé. Porque a fé implica conversão, o sacramento só é eficaz e se realiza plenamente no mundo quando expressa a conversão e leva permanentemente à conversão. Sacramento sem conversão é condenação. Sacramento com conversão é salvação.

Livros de Leonardo Boff

1 – *O Evangelho do Cristo Cósmico*. Petrópolis: Vozes, 1971. • Reeditado pela Record (Rio de Janeiro), 2008.

2 – *Jesus Cristo libertador*. Petrópolis: Vozes, 1972.

3 – *Die Kirche als Sakrament im Horizont der Welterfahrung*. Paderborn: Verlag Bonifacius-Druckerei, 1972 [Esgotado].

4 – *A nossa ressurreição na morte*. Petrópolis: Vozes, 1972.

5 – *Vida para além da morte*. Petrópolis: Vozes, 1973.

6 – *O destino do homem e do mundo*. Petrópolis: Vozes, 1973.

7 – *Experimentar Deus*. Petrópolis: Vozes, 2012 [Publicado em 1974 pela Vozes com o título *Atualidade da experiência de Deus*].

8 – *Os sacramentos da vida e a vida dos sacramentos*. Petrópolis: Vozes, 1975.

9 – *A vida religiosa e a Igreja no processo de libertação*. 2. ed. Petrópolis: Vozes/CNBB, 1975 [Esgotado].

10 – *Graça e experiência humana*. Petrópolis: Vozes, 1976.

11 – *Teologia do cativeiro e da libertação*. Lisboa: Multinova, 1976. • Reeditado pela Vozes, 1998.

12 – *Natal: a humanidade e a jovialidade de nosso Deus*. Petrópolis: Vozes, 1976. [Esgotado]

13 – *Eclesiogênese – As comunidades reinventam a Igreja*. Petrópolis: Vozes, 1977. • Reeditado pela Record (Rio de Janeiro), 2008.

14 – *Paixão de Cristo, paixão do mundo*. Petrópolis: Vozes, 1977.

15 – *A fé na periferia do mundo*. Petrópolis: Vozes, 1978 [Esgotado].

16 – *Via-sacra da justiça*. Petrópolis: Vozes, 1978 [Esgotado].

17 – *O rosto materno de Deus*. Petrópolis: Vozes, 1979.

18 – *O Pai-nosso – A oração da libertação integral.* Petrópolis: Vozes, 1979.

19 – *Da libertação – O teológico das libertações sócio-históricas.* Petrópolis: Vozes, 1979 [Esgotado].

20 – *O caminhar da Igreja com os oprimidos.* Rio de Janeiro: Codecri, 1980. • Reeditado pela Vozes (Petrópolis), 1988.

21 – *A Ave-Maria – O feminino e o Espírito Santo.* Petrópolis: Vozes, 1980.

22 – *Libertar para a comunhão e participação.* Rio de Janeiro: CRB, 1980 [Esgotado].

23 – *Igreja: carisma e poder.* Petrópolis: Vozes, 1981. • Reedição ampliada: Ática (Rio de Janeiro), 1994; Record (Rio de Janeiro) 2005.

24 – *Crise, oportunidade de crescimento.* Petrópolis: Vozes, 2011 [Publicado em 1981 pela Vozes com o título *Vida segundo o Espírito*].

25 – *São Francisco de Assis – Ternura e vigor.* Petrópolis: Vozes, 1981.

26 – *Via-sacra para quem quer viver.* Petrópolis: Vozes, 1991 [Publicado em 1982 pela Vozes com o título *Via-sacra da ressurreição*].

27 – *O livro da Divina Consolação.* Petrópolis: Vozes, 2006 [Publicado em 1983 com o título *Mestre Eckhart: a mística do ser e do não ter*].

28 – *Ética e ecoespiritualidade.* Petrópolis: Vozes, 2011 [Publicado em 1984 pela Vozes com o título *Do lugar do pobre*].

29 – *Teologia à escuta do povo.* Petrópolis: Vozes, 1984 [Esgotado].

30 – *A cruz nossa de cada dia.* Petrópolis: Vozes, 2012 [Publicado em 1984 pela Vozes com o título *Como pregar a cruz hoje numa sociedade de crucificados*].

31 – (com Clodovis Boff) *Teologia da Libertação no debate atual.* Petrópolis: Vozes, 1985 [Esgotado].

32 – *A Trindade e a sociedade.* Petrópolis: Vozes, 2014 [Publicado em 1986 com o título *A Trindade, a sociedade e a libertação*].

33 – *E a Igreja se fez povo.* Petrópolis: Vozes, 1986 [Esgotado]. • Reeditado em 2011 com o título *Ética e ecoespiritualidade*, em conjunto com *Do lugar do pobre*.

34 – (com Clodovis Boff) *Como fazer Teologia da Libertação?* Petrópolis: Vozes, 1986.

35 – *Die befreiende Botschaft.* Friburgo: Herder, 1987.

36 – *A Santíssima Trindade é a melhor comunidade.* Petrópolis: Vozes, 1988.

37 – (com Nelson Porto) *Francisco de Assis – Homem do paraíso.* Petrópolis: Vozes, 1989. • Reedição modificada em 1999.

38 – *Nova evangelização: a perspectiva dos pobres.* Petrópolis: Vozes, 1990 [Esgotado].

39 – *La misión del teólogo em la Iglesia.* Estella: Verbo Divino, 1991.

40 – *Seleção de textos espirituais.* Petrópolis: Vozes, 1991 [Esgotado].

41 – *Seleção de textos militantes.* Petrópolis: Vozes, 1991 [Esgotado].

42 – *Con La libertad del Evangelio.* Madri: Nueva Utopia, 1991.

43 – *América Latina*: *da conquista à Nova Evangelização.* São Paulo: Ática, 1992 [Esgotado].

44 – *Ecologia, mundialização e espiritualidade.* São Paulo: Ática, 1993. • Reeditado pela Record (Rio de Janeiro), 2008.

45 – (com Frei Betto) *Mística e espiritualidade.* Rio de Janeiro: Rocco, 1994. • Reedição revista e ampliada pela Vozes (Petrópolis), 2010.

46 – *Nova era*: *a emergência da consciência planetária.* São Paulo: Ática, 1994. • Reeditado pela Sextante (Rio de Janeiro) em 2003 com o título de *Civilização planetária: desafios à sociedade e ao cristianismo* [Esgotado].

47 – *Je m'explique.* Paris: Desclée de Brouwer, 1994.

48 – (com A. Neguyen Van Si) *Sorella Madre Terra.* Roma: Lavoro, 1994.

49 – *Ecologia – Grito da terra, grito dos pobres.* São Paulo: Ática, 1995. • Reeditado pela Record (Rio de Janeiro) em 2015.

50 – *Princípio Terra – A volta à Terra como pátria comum.* São Paulo: Ática, 1995 [Esgotado].

51 – (Org.) *Igreja: entre norte e sul.* São Paulo: Ática, 1995 [Esgotado].

52 – (com José Ramos Regidor e Clodovis Boff). *A Teologia da Libertação: balanços e perspectivas*. São Paulo: Ática, 1996 [Esgotado].

53 – *Brasa sob cinzas*. Rio de Janeiro: Record, 1996.

54 – *A águia e a galinha*: *uma metáfora da condição humana*. Petrópolis: Vozes, 1997.

55 – *A águia e a galinha*: *uma metáfora da condição humana*. Edição comemorativa: 20 anos. Petrópolis: Vozes, 2017.

56 – (com Jean-Yves Leloup, Pierre Weil, Roberto Crema) *Espírito na saúde*. Petrópolis: Vozes, 1997.

57 – (com Jean-Yves Leloup, Roberto Crema) *Os terapeutas do deserto – De Fílon de Alexandria e Francisco de Assis a Graf Dürckheim*. Petrópolis: Vozes, 1997.

58 – *O despertar da águia*: *o dia-bólico e o sim-bólico na construção da realidade*. Petrópolis: Vozes, 1998.

59 – *O despertar da águia*: *o dia-bólico e o sim-bólico na construção da realidade*. Edição especial. Petrópolis: Vozes, 2017.

60 – *Das Prinzip Mitgefühl – Texte für eine bessere Zukunft*. Friburgo: Herder, 1999.

61 – *Saber cuidar – Ética do humano, compaixão pela Terra*. Petrópolis: Vozes, 1999.

62 – *Ética da vida*. Brasília: Letraviva, 1999. • Reeditado pela Record (Rio de Janeiro), 2009.

63 – *Coríntios – Introdução*. Rio de Janeiro: Objetiva, 1999 (Esgotado).

64 – *A oração de São Francisco: uma mensagem de paz para o mundo atual*. Rio de Janeiro: Sextante, 1999. • Reeditado pela Vozes (Petrópolis), 2014.

65 – *Depois de 500 anos: que Brasil queremos?* Petrópolis: Vozes, 2000 [Esgotado].

66 – *Voz do arco-íris*. Brasília: Letraviva, 2000. • Reeditado pela Sextante (Rio de Janeiro), 2004 [Esgotado].

67 – (com Marcos Arruda) *Globalização: desafios socioeconômicos, éticos e educativos*. Petrópolis: Vozes, 2000.

68 – *Tempo de transcendência – O ser humano como um projeto infinito*. Rio de Janeiro: Sextante, 2000. • Reeditado pela Vozes (Petrópolis), 2009.

69 – (com Werner Müller) *Princípio de compaixão e cuidado*. Petrópolis: Vozes, 2000.

70 – *Ethos mundial – Um consenso mínimo entre os humanos*. Brasília: Letraviva, 2000. • Reeditado pela Record (Rio de Janeiro) em 2009.

71 – *Espiritualidade – Um caminho de transformação*. Rio de Janeiro: Sextante, 2001. • Reeditado pela Mar de Ideias (Rio de Janeiro) em 2016.

72 – *O casamento entre o céu e a terra – Contos dos povos indígenas do Brasil*. São Paulo: Salamandra, 2001. • Reeditado pela Mar de Ideias (Rio de Janeiro) em 2014.

73 – *Fundamentalismo*. Rio de Janeiro: Sextante, 2002. • Reedição ampliada e modificada pela Vozes (Petrópolis) em 2009 com o título *Fundamentalismo, terrorismo, religião e paz*.

74 – (com Rose Marie Muraro) *Feminino e masculino: uma nova consciência para o encontro das diferenças*. Rio de Janeiro: Sextante, 2002. • Reeditado pela Record (Rio de Janeiro), 2010.

75 – *Do iceberg à arca de Noé: o nascimento de uma ética planetária*. Rio de Janeiro: Garamond, 2002. • Reeditado pela Mar de Ideias (Rio de Janeiro), 2010.

76 – *Crise: oportunidade de crescimento*. Campinas: Verus, 2002. • Reeditado pela Vozes (Petrópolis) em 2011.

77 – (com Marco Antônio Miranda) *Terra América: imagens*. Rio de Janeiro: Sextante, 2003 [Esgotado].

78 – *Ética e moral: a busca dos fundamentos*. Petrópolis: Vozes, 2003.

79 – *O Senhor é meu Pastor: consolo divino para o desamparo humano*. Rio de Janeiro: Sextante, 2004. • Reeditado pela Vozes (Petrópolis), 2013.

80 – *Responder florindo*. Rio de Janeiro: Garamond, 2004 [Esgotado].

81 – *Novas formas da Igreja: o futuro de um povo a caminho*. Campinas: Verus, 2004 [Esgotado].

82 – *São José: a personificação do Pai*. Campinas: Verus, 2005. • Reeditado pela Vozes (Petrópolis), 2012.

83 – *Un Papa difficile da amare: scritti e interviste*. Roma: Datanews, 2005.

84 – *Virtudes para um outro mundo possível – Vol. I: Hospitalidade: direito e dever de todos*. Petrópolis: Vozes, 2005.

85 – *Virtudes para um outro mundo possível – Vol. II: Convivência, respeito e tolerância*. Petrópolis: Vozes, 2006.

86 – *Virtudes para um outro mundo possível – Vol. III: Comer e beber juntos e viver em paz*. Petrópolis: Vozes, 2006.

87 – *A força da ternura – Pensamentos para um mundo igualitário, solidário, pleno e amoroso*. Rio de Janeiro: Sextante, 2006. • Reeditado pela Mar de Ideias (Rio de Janeiro) em 2012.

88 – *Ovo da esperança: o sentido da Festa da Páscoa*. Rio de Janeiro: Mar de Ideias, 2007.

89 – (com Lúcia Ribeiro) *Masculino, feminino: experiências vividas*. Rio de Janeiro: Record, 2007.

90 – *Sol da esperança – Natal: histórias, poesias e símbolos*. Rio de Janeiro: Mar de Ideias, 2007.

91 – *Homem: satã ou anjo bom*. Rio de Janeiro: Record, 2008.

92 – (com José Roberto Scolforo) *Mundo eucalipto*. Rio de Janeiro: Mar de Ideias, 2008.

93 – *Opção Terra*. Rio de Janeiro: Record, 2009.

94 – *Meditação da luz*. Petrópolis: Vozes, 2010.

95 – *Cuidar da Terra, proteger a vida*. Rio de Janeiro: Record, 2010.

96 – *Cristianismo: o mínimo do mínimo*. Petrópolis: Vozes, 2011.

97 – *El planeta Tierra: crisis, falsas soluciones, alternativas*. Madri: Nueva Utopia, 2011.

98 – (com Marie Hathaway) *O Tao da Libertação – Explorando a ecologia da transformação*. 2. ed. Petrópolis: Vozes, 2012.

99 – *Sustentabilidade: O que é – O que não é*. Petrópolis: Vozes, 2012.

100 – *Jesus Cristo Libertador: ensaio de cristologia crítica para o nosso tempo*. Petrópolis: Vozes, 2012 [Selo Vozes de Bolso].

101 – *O cuidado necessário: na vida, na saúde, na educação, na ecologia, na ética e na espiritualidade*. Petrópolis: Vozes, 2012.

102 – *As quatro ecologias: ambiental, política e social, mental e integral*. Rio de Janeiro: Mar de Ideias, 2012.

103 – *Francisco de Assis – Francisco de Roma: a irrupção da primavera?* Rio de Janeiro: Mar de Ideias, 2013.

104 – *O Espírito Santo – Fogo interior, doador de vida e Pai dos pobres*. Petrópolis: Vozes, 2013.

105 – (com Jürgen Moltmann) *Há esperança para a criação ameaçada?* Petrópolis: Vozes, 2014.

106 – *A grande transformação: na economia, na política, na ecologia e na educação*. Petrópolis: Vozes, 2014.

107 – *Direitos do coração – Como reverdecer o deserto*. São Paulo: Paulus, 2015.

108 – *Ecologia, ciência, espiritualidade – A transição do velho para o novo*. Rio de Janeiro: Mar de Ideias, 2015.

109 – *A Terra na palma da mão – Uma nova visão do planeta e da humanidade*. Petrópolis: Vozes, 2016.

110 – (com Luigi Zoja) *Memórias inquietas e persistentes de L. Boff*. São Paulo: Ideias & Letras, 2016.

111 – (com Frei Betto e Mario Sergio Cortella) *Felicidade foi-se embora?* Petrópolis: Vozes Nobilis, 2016.

112 – *Ética e espiritualidade – Como cuidar da Casa Comum*. Petrópolis: Vozes, 2017.

113 – *De onde vem? – Uma nova visão do universo, da Terra, da vida, do ser humano, do espírito e de Deus*. Rio de Janeiro: Mar de Ideias, 2017.

114 – *A casa, a espiritualidade, o amor*. São Paulo: Paulinas, 2017.

115 – (com Anselm Grün) *O divino em nós*. Petrópolis: Vozes Nobilis, 2017.

116 – *O livro dos elogios: o significado do insignificante*. São Paulo: Paulus, 2017.

117 – *Brasil – Concluir a refundação ou prolongar a dependência?* Petrópolis: Vozes, 2018.

118 – *Reflexões de um velho teólogo e pensador*. Petrópolis: Vozes, 2018.

119 – *A saudade de Deus – A força dos pequenos*. Petrópolis: Vozes, 2020.

120 – *Covid-19 – A Mãe Terra contra-ataca a humanidade: advertências da pandemia*. Petrópolis: Vozes, 2020.

121 – *O doloroso parto da Mãe Terra – Uma sociedade de fraternidade sem fronteiras e de amizade social*. Petrópolis: Vozes, 2021.

122 – *Habitar a Terra – Qual o caminho para a fraternidade universal?* Petrópolis: Vozes, 2021.

123 – *O pescador ambicioso e o peixe encantado – A busca pela justa medida*. Petrópolis: Vozes, 2022.

124 – *Igreja: carisma e poder – Ensaios de eclesiologia militante*. Petrópolis: Vozes, 2022.

125 – *A amorosidade do Deus-Abba e Jesus de Nazaré*. Petrópolis: Vozes, 2023.

126 – *A busca pela justa medida – Como equilibrar o Planeta Terra*. Petrópolis: Vozes, 2023.

127 – *Cuidar da Casa Comum – Pistas para protelar o fim do mundo*. Petrópolis: Vozes, 2024.